R. J. Stewart

Der Merlin-Tarot

R. J. Stewart

Der Merlin-Tarot

78 Tarotkarten mit Handbuch

Verlag Hermann Bauer
Freiburg im Breisgau

Die Deutsche Bibliothek – CIP-Einheitsaufnahme

Stewart, Robert J.:
Der Merlin-Tarot : Handbuch und 78 Tarotkarten /
R. J. Stewart. Gestaltet von Miranda Gray.
[Dt. von Sylvia Luetjohann]. –
1. Aufl. – Freiburg im Breisgau : Bauer, 1996
   ISBN 3-7626-0526-2

Die englische Originalausgabe erschien 1992 bei
The Aquarian Press, An Imprint of HarperCollins*Publishers*,
London, unter dem Titel *The Merlin Tarot*
© 1992 by R. J. Stewart

Künstlerische Gestaltung: Miranda Gray
Übersetzung: Sylvia Luetjohann
Lektorat: Petra Danner

1. Auflage 1996
ISBN 3-7626-0526-2
© für die deutsche Ausgabe 1996 by
Verlag Hermann Bauer, Freiburg im Breisgau
Das gesamte Werk ist im Rahmen des Urheberrechtsgesetzes
geschützt. Jegliche vom Verlag nicht genehmigte Verwertung
ist unzulässig. Dies gilt auch für die Verbreitung durch Funk,
Fernsehen, photomechanische Wiedergabe, Tonträger jeder Art,
elektronische und alle weiteren Medien sowie für auszugsweisen
Nachdruck.
Einband: Markus Nies-Lamott, Freiburg i. Br., unter Verwendung
eines Fotos aus Erde – Feuer – Wasser – Luft von Bruno Blum und
Rüdiger Dahlke
Satz: Fotosetzerei G. Scheydecker, Freiburg im Breisgau
Druck und Bindung: Ebner Ulm
Printed in Germany

Gedruckt auf chlorfrei gebleichtem Papier

Inhalt

Einführung 7
  1. Die Trumpfkarten 19
  2. Die Zahlenkarten 83
  3. Die Figuren oder Hofkarten 139
  4. Methoden der Divination, Weitsicht und
     Einsicht 167

ABBILDUNGSVERZEICHNIS

Die Trumpfkarten
  1. Die Drei Welten und die Drei Räder 9
  2. Der Lebensbaum 11
  3. Die Schöpfungsvision 15
  4. Trumpfverbindungen: Der Zyklus von Aufstieg
     und Abstieg 21
  5. Die sieben Richtungen 85
  6. Das Lebensrad 87
  7. Die Drachen, Welten und Bilder 89
  8. Kreis, Spirale, Stern: Die Drei Welten als
     menschliche Kraftzentren 95

Die Zahlen- und Hofkarten
  9. Die Ausdehnung der Zahlen 101
10. Die Drehbewegung der Zahlen 103

11. Die Triaden der Zahlen 113
12. Die Schwellen der Polarität 115

Kartenlegebilder
13. Die sieben Geschöpfe und die sieben
    Richtungen 119
14. Das neunfache Kraftmuster 129
15. Der Große Hofkreis 141
16. Polaritäten um und quer durch das Rad 143
17. Die Drei Strahlen 181
18. Die Spindel 185
19. Die Erschaffung der Welt 188
20. Die Hofkarten und die vier Erscheinungsformen . 191
21. Der Fährmann 195

Einführung

Dieses kleine Handbuch will Ihnen Grundkenntnisse über den Merlin-Tarot vermitteln. Die Trümpfe des Kartendecks haben eine sehr charakteristische Gestaltung, und es gibt mehrere ungewöhnliche Legemethoden zur Meditation, Visualisierung und Divination. Wenn Sie sich mit dem Merlin-Tarot und der Geschichte, wie das Kartendeck entworfen wurde, eingehender beschäftigen möchten, sollten Sie zusätzlich das Buch *The Complete Merlin Tarot** lesen. Dieses eigenständige umfangreiche Werk behandelt ausführlich jede Karte des Decks. Es beschreibt auch ein breites Spektrum von Nutzungszwecken und viele Aspekte des Tarot – sowie der Merlin-Überlieferung –, die auf den Karten und in sich darauf beziehenden Legemustern oder Anwendungsmethoden erscheinen.

Der Merlin-Tarot besteht aus 22 Trumpfkarten, 40 Zahlenkarten und 16 Figuren oder Hofkarten, woraus sich ein Deck aus 78 Karten ergibt. Zwei zusätzliche Referenzkarten dienen während der Verwendung des Decks zum raschen Nachschauen. Die erste von ihnen, »Die Schöpfungsvision«, zeigt die Aufeinanderfolge der Trumpfkarten von der Erde zu den Sternen und wieder zurück, wie folgt:

---

* Stewart, R. J.: *The Complete Merlin Tarot*. London: The Aquarian Press, 1992.

1 Der Mond   2 Die Sonne   3 Der Stern
(Die Drei Welten)

4 Schicksal   5 Gerechtigkeit   6 Urteil
(Die Drei Räder)

7 Der Narr   8 Der Magier   9 Der Wagen
(Die Drei Erleuchter)

10 Der Wächter   11 Der zerschmetterte Turm   12 Tod
(Die Drei Befreier)

13 Der Gehängte   14 Der Einsiedler   15 Der Unschuldige
(Die Drei Erlöser)

16 Mäßigung   17 Der Herrscher   18 Die Kraft
(Die Drei Gebenden)

19 Die Herrscherin   20 Die Liebenden   21 Die Priesterin
(Die Drei Teilenden)

22 Das Universum
(Die eine manifestierte Realität)

Diese Karte stellt auch die Grundform des Lebensbaumes (siehe Abb. 2, S. 11) und die einfachen Planetensymbole für jede Sphäre des Baumes dar. Unsere Trumpfkarte 21, »Die Priesterin«, zeigt beispielsweise das Bewußtsein bzw. die

Abb. 1: DIE DREI WELTEN UND DIE DREI RÄDER

1	Schicksal	Mondenwelt
2	Gerechtigkeit	Sonnenwelt
3	Urteil	Sternenwelt

Einführung

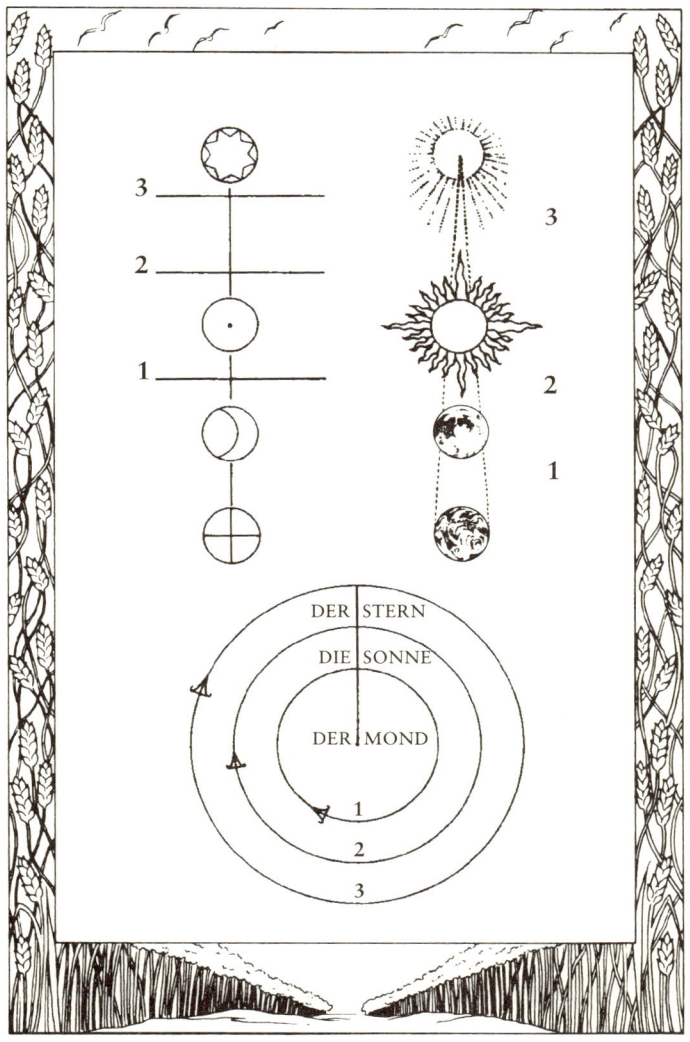

Energie von Mond und Venus, der Gefühle und der fruchtbaren lunaren Kräfte. Diese Eigenschaften werden ausführlich in den Zusammenfassungen zu jeder Trumpfkarte von 1–22 ab S. 22 beschrieben.

Bitte beachten Sie, daß die Numerierung des Merlin-Tarot lediglich als Bezugspunkt dient und nicht in

Abb. 2: DER LEBENSBAUM

Sphären
1.: *Primum Mobile*/Krone
2.: Der Zodiak/Weisheit
3.: Verständnis ♄
4.: Gnade ♃
5.: Stärke ♂
6.: Schönheit ☉
7.: Sieg ♀
8.: Ehre ☿
9.: Fundament ☽
10.: Königreich ⊕

Trümpfe oder Wege
1: Der Mond; 2: Die Sonne; 3: Der Stern (Die Drei Welten); 4: Das Rad des Schicksals; 5: Gerechtigkeit; 6: Das Urteil (Die Drei Räder); 7: Der Narr; 8: Der Magier; 9: Der Wagen; 10: Der Wächter; 11: Der zerschmetterte Turm; 12: Der Tod; 13: Der Gehängte; 14: Der Einsiedler (Die acht aufsteigenden Bilder); 15: Der Unschuldige; 16: Mäßigung; 17: Der Herrscher; 18: Kraft; 19: Die Herrscherin; 20: Die Liebenden; 21: Die Priesterin; 22: Das Universum (Die acht absteigenden Bilder).

Anmerkung: Die Zahlen der Trümpfe oder Wege beziehen sich auf den Zyklus von Aufstieg und Abstieg (siehe S. 21) und stehen in keinem Zusammenhang mit mystischer Numerologie oder alphabetischen Entsprechungen.

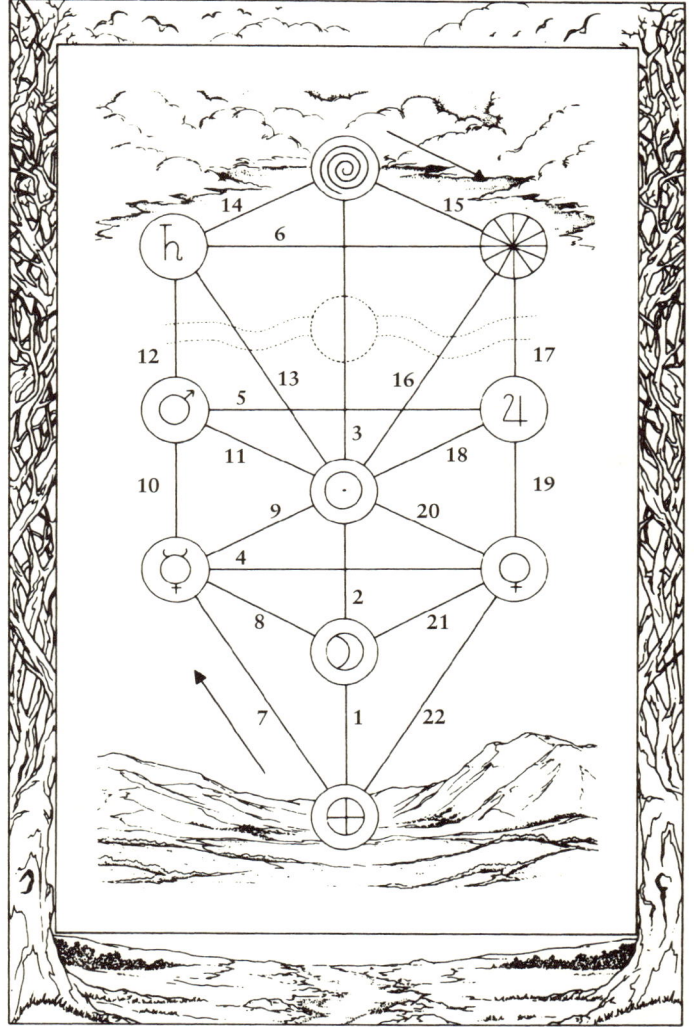

Zusammenhang mit der sogen. »traditionellen« Numerierung oder Reihenfolge der Tarot-Trumpfkarten steht, die seit dem 19. Jh. in Druckwerken auftaucht. Dies erklärt sich aus dem Unterschied zwischen erdachten literarischen Systemen von Tarot-Entsprechungen und den zeitlosen natürlichen oder holistischen Überlieferungen.

Die zweite Referenzkarte ist »Die Zwei Drachen« – ein Bild, das aus der prophetischen Vision des jungen Merlin stammt, dessen Kräfte durch das Aufwecken von zwei Drachen in der Unterwelt wachgerufen wurden. Diese Karte stellt die Beziehungen zwischen den Trümpfen in einer einfacheren Form dar, da sie durch die Drei Welten miteinander verbunden sind.

Die Arbeit mit dem Kartendeck

Ob Sie bereits mit dem Tarot arbeiten oder ein blutiger Anfänger sind – der folgende Abschnitt wird Ihnen zu einem tieferen Verständnis des Merlin-Tarot verhelfen. Wenn Sie den größtmöglichen Nutzen aus diesem Kartendeck ziehen möchten, sollten Sie sich nicht in Zukunftsvoraussagen stürzen und nach »Deutungen« in diesem Buch suchen. Solche Deutungen müssen aus uns selbst kommen – und nicht durch den automatischen Griff zum Nachschlagewerk. Die folgende Methode, die nicht viel Zeit erfordert, ist die beste Art und Weise, sich auf den Gebrauch des Kartendecks vorzubereiten. Sie ist dazu bestimmt, Ihnen Einsichten zu vermitteln, lange bevor Sie die Karten zur Divination verwenden, und wird Sie befähigen, Zukunftsvoraussagen zu treffen. Die Divination ist eine niedere Kunst des Tarot; zu den höheren Künsten gehören Meditation und Visualisierung – besonders mit den kraftvollen Trumpfkarten.

Einführung

Die Trümpfe, Räder und Welten

Die erste hilfreiche Methode, mit dem Deck zu arbeiten, besteht einfach darin, die Trumpfkarten in der Reihenfolge auszulegen, wie sie auf den beiden Referenzkarten gezeigt wird. Sie werden darin eine Harmonie, eine lebendige Struktur erkennen. Diese läßt die *Energien* von der Erde zu den Sternen sichtbar werden – dieselben Energien, die in jedem von uns schwingen – wie auch das kollektive und von Generation zu Generation weitergegebene Muster dieser Energien. Der Merlin-Tarot und seine Überlieferung beruhen auf der Vorstellung des *Heiligen Raumes*, worin sich alle Energie- und Bewußtseinsformen um die Drei Welten von Mond, Sonne und Stern drehen. Die drei Oktaven oder Spiralwindungen von der Erde zu den Sternen werden von den Drei Rädern des Schicksals, der Gerechtigkeit und des Urteils dargestellt (siehe Abb. 1 u. 7, S. 9 u. 89).

Die nächste Stufe besteht darin, über jede Trumpfkarte einzeln, in der abgebildeten Reihenfolge, zu meditieren. Sie werden feststellen, daß sich diese zu Paaren, Triaden und verschiedenen Beziehungsgruppen zusammenfügen (siehe Abb. 2 u. 4, S. 11 u. 21). Versuchen Sie, diese Muster in sich zu spüren und sie in der äußeren Umgebung vom Land zum Himmel, von der Erde zu den Sternen wahrzunehmen. Sie sind Teil unseres Bewußtseins und unserer Energie – des *Mikrokosmos* – und ebenso Teil der größeren Welt unseres Planeten, des Sonnensystems und des Universums – des *Makrokosmos*. Diese beiden spiegeln einander wider.

Beziehen Sie auf allen Stufen die verschiedenen Abbildungen mit ein, und versuchen Sie stets, die Karten in den dargestellten Mustern auszulegen. Unsere eigenen Energien und unser Menschsein auf diesem Planeten werden durch die sieben Himmelsrichtungen wiedergegeben (siehe Abb. 5,

S. 85). Wenn Sie mit dieser Vorstellung arbeiten, nimmt sie Leben an, und die Tarotkarten erhalten eine neue Tiefe an Resonanz und Bedeutung, wenn ihre ursprüngliche Reihenfolge wiederhergestellt wird, die auf Sonne, Mond und Stern beruht.

Abb. 3: DIE SCHÖPFUNGSVISION
(auf der Grundlage der *Vita Merlini* und der *Prophezeiungen*)

Das Erste Rad: Die Mondenwelt – um den Mond zentriert
- ☉ Energie; Geist; überpersönliches Bewußtsein
- ☽ Psyche; sexuelle Energien; unter- bzw. unbewußtes und kollektives oder von Generation zu Generation weitergegebenes Bewußtsein
- ♀ Gefühle
- ☿ Intellekt
- ⊕ Körper und äußeres Geschehen

Das Zweite Rad: Die Sonnenwelt – um die Sonne zentriert
- ☋ der Abgrund (von den Trumpfkarten 3, 13, 16 gekreuzt)
- ☉ überpersönliches Bewußtsein
- ☽ Psyche, Unter- bzw. Unbewußtes (unterstützt Emotionen und Intellekt)
- ♂ abbauende Energien bzw. Bewußtseinsformen
- ♃ aufbauende Energien bzw. Bewußtseinsformen

Das Dritte Rad – um das Unbekannte oder die Leere zentriert
- ♅ *Primum Mobile*/Ursprung des Seins
- ☋ der Abgrund oder die Leere
- ☉ überpersönliches Bewußtsein (Quelle des niederen Bewußtseins)
- ♄ umfassendes Verstehen
- ♆ umfassende Weisheit

Einführung

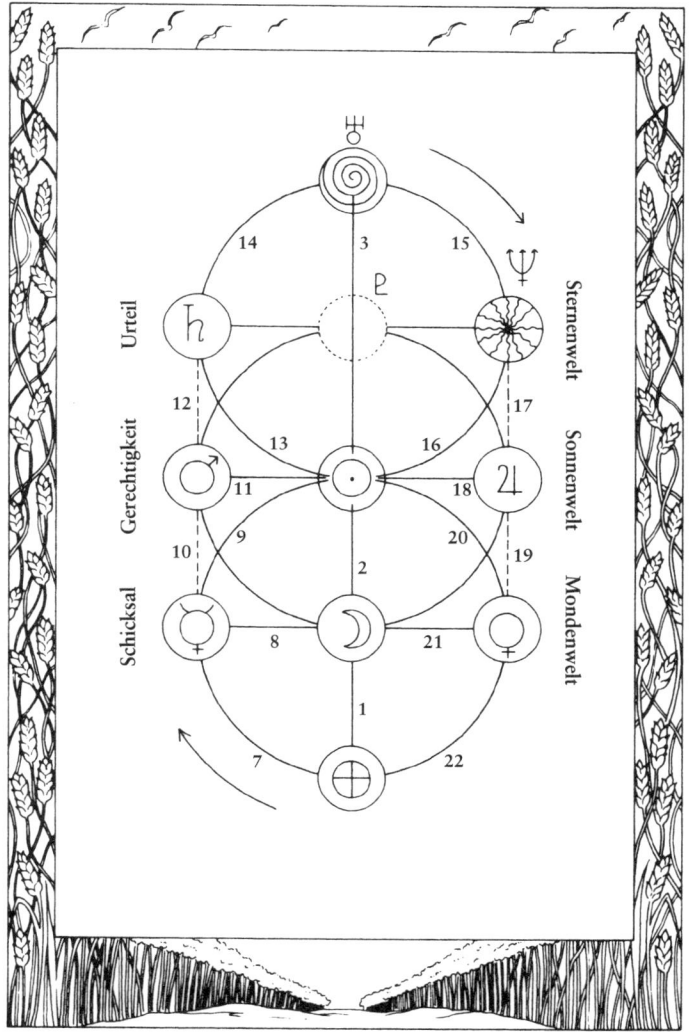

Die Zahlen

Wenn Sie mit den Bildern der Trumpfkarten vertraut sind, beginnen Sie damit, sich durch die Zahlenkarten zu arbeiten. Es gibt vier Farben oder Sätze von As (Eins) bis Zehn, die jeweils für ein Element (Luft, Feuer, Wasser und Erde) stehen.

Wenn Sie die Zahlenkarten um das Lebensrad (Abb. 6, S. 87) auslegen, werden Sie entdecken, in welcher Beziehung sie zueinander stehen. Sie werden auch erkennen, daß bestimmte Zahlen mit bestimmten Trumpfkarten verbunden sind, wie auf dem Lebensbaum (Abb. 2) dargestellt. Trumpf 3, »Der Stern«, besitzt beispielsweise eine Affinität zu den vier Assen und den vier Sechsen, denn er enthüllt die Kräfte der ersten und der sechsten Sphäre: der Krone der Sterne und der Sonne der Schönheit. Trumpf 7, »Der Narr«, hat eine Affinität zu den vier Achten und den vier Zehnen usw.

Sie können die Zahlenkarten auch nach dem Lebensbaum – von den vier Assen an der Krone bis zu den vier Zehnen im Königreich – auslegen. Wenn Sie die Zahlenkarten in diesem Muster anordnen, legen Sie die entsprechenden Trumpfkarten dazwischen, wie in unseren Referenzkarten und verschiedenen Abbildungen dargestellt ist. Dies wird Ihnen zeigen, wie das gesamte Kartendeck in Beziehung zueinander steht.

Die Figuren oder Hofkarten

Nun können wir uns mit den 16 Hofkarten beschäftigen. (Die Zusammenfassung zu den Hofkarten ist in Kapitel 3 enthalten.)

Legen Sie diese Karten nach dem Hofkreis aus (Abb. 15,

S. 141), und meditieren Sie über ihre Beziehung zueinander und zu den vier Elementen, Jahreszeiten und Himmelsrichtungen um das Lebensrad (Abb. 6, S. 87). Das Rad oder der Kreis der Hofkarten kann auch um alle Drei Räder und Welten ausgelegt werden: Dabei wird der Hof der Vögel oder der Luft im oberen Teil, der Hof der Schlangen oder des Feuers auf der rechten Seite, der Hof der Fische oder des Wassers unten und der Hof der Säugetiere oder der Erde auf der linken Seite plaziert. Versuchen Sie, diese der Reihe nach um alle Drei Räder und Welten zu legen. Versammeln Sie schließlich das gesamte Universum der Trumpf- und Zahlenkarten in Entsprechung mit den Drachen (Lebensbaum), und fügen Sie dann die Hofkarten hinzu: Luft an der Spitze des Baumes, Feuer auf der rechten Seite, Wasser unten und Erde auf der linken Seite. Meditieren Sie über dieses Muster und seine ganzheitlichen Verbindungen.

Sie können mit den Hofkarten auch in der Weise arbeiten, daß Sie diese in Bezug zu den zentralen Sphären der *Axis Mundi* oder des Lebensbaumes setzen. Um den Planeten Erde dreht sich der Hof der Erde (Säugetiere), zum Mond gehört der Hof des Wassers (Fische), zur Sonne der Hof des Feuers (Schlangen) und zur Krone der Hof der Luft (Vögel).

Divination, Weitsicht und Einsicht

Wenn Sie sich, wie weiter oben kurz beschrieben, mit den Mustern von Anordnung, Meditation und Vision beschäftigt haben, werden Sie feststellen, daß die divinatorische Arbeit auf äußerst kraftvolle Weise lebendig wird. Zu diesem Zweck können Sie mit speziellen neuen Legemethoden arbeiten, die in Kapitel 4 beschrieben sind. Am Anfang wird es notwendig sein, dieses Handbuch wegen der Zusammenfassungen und Eigenschaften heranzuziehen. Sie werden die Übersichten jedoch immer weniger benötigen, wenn Sie mit dem Merlin-Tarot vertrauter werden.

Die Beziehung zwischen Divination, Weitsicht und Einsicht gehört zum Wesen des Tarot, und ein guter Tarot-Praktiker arbeitet mit allen dreien; am häufigsten wird er jedoch die Methode der Einsicht wählen und sich mit den Bildern selbst beschäftigen, damit sich die Wahrheit enthüllt. Dies kann die Wahrheit über sich selbst, über eine Frage, über andere Menschen oder über eine Situation sein. In seiner eigentlichen Funktion und Macht erzählt der Tarot die Geschichte von der Erschaffung der Welten und enthüllt somit Wahrheiten über Kräfte, Energien, Bewußtseinsformen und die zahllosen Muster, die sich immer wieder neu verbinden, um unsere manifestierte Welt zu bilden.

Die Trumpfkarten

Übersicht über die Trumpfkarten

Ordnen Sie Ihre Trumpfkarten in der Reihenfolge von 1–22 an, wie unten und in den Abbildungen 3 und 4 dargestellt. Legen Sie immer nur eine Karte vor sich hin und nicht alle 22, wenn Sie sich mit den Zusammenfassungen beschäftigen. Lesen Sie zuerst die Zusammenfassung, und meditieren Sie dann eine Zeitlang über das Bild selbst, seine Schlüsselbegriffe und Eigenschaften.

Dieselbe einfache Methode wenden Sie auch bei den Zahlen- und Hofkarten an. Wenn Sie die Trumpf-, Zahlen- und Hofkarten in dieser Weise gründlich studiert haben, können Sie damit beginnen, in Paaren, Triaden und Vierermustern mit ihnen zu arbeiten, wie verschiedene Abbildungen zeigen.

Abb. 4: TRUMPFVERBINDUNGEN:
DER ZYKLUS VON AUFSTIEG UND ABSTIEG

Ergänzende Gegenpol-Paare der Trumpfkarten

A				A
U	14	Der Einsiedler – Der Unschuldige	15	A
F	13	Der Gehängte – Mäßigung	16	B
S	2	Tod – Der Herrscher	17	S
T	11	Der zerschmetterte Turm – Kraft	18	T
E	10	Der Wächter – Die Herrscherin	19	E
I	9	Der Wagen – Die Liebenden	20	I
G	8	Der Magier – Die Priesterin	21	G
E	7	Der Narr – Das Universum	22	E
N				N
D				D

Höchste Gegensatz-Paare der Trumpfkarten

7	Der Narr – Der Unschuldige	15
8	Der Magier – Mäßigung	16
9	Der Wagen – Der Herrscher	17
10	Der Wächter – Kraft	18
11	Der zerschmetterte Turm – Die Herrscherin	19
12	Tod – Die Liebenden	20
13	Der Gehängte – Die Priesterin	21
14	Der Einsiedler – Das Universum	22

Die Trumpfkarten

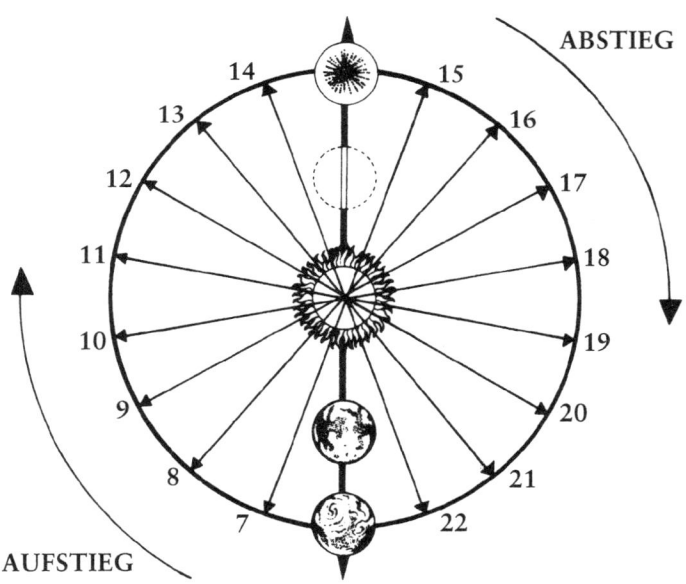

**1
Der Mond**

Welt
Die Mondenwelt, der Planet Erde eingeschlossen.

Rad
Das Erste Rad, Schicksal.

Wesen
Geister, Dämonen, ehemalige Menschen, Elementarwesen und Naturgeister. Wesen aus anderen Dimensionen und Welten, wie Elfen oder Vorfahren.

Bewußtsein
Menschlich, von Generation zu Generation weitergegeben und kollektiv, persönlich oder überdeckt. Das gesamte Spektrum von Denken, Gefühl und Energie in einer Wesenheit, das Traumbewußtsein und verborgene Bereiche des Gewahrseins in der Psyche eingeschlossen.

Ergänzende Trumpfkarten
Sonne und Mond. Auch die entgegengesetzte Drehung von Trümpfen um den zentralen Mond und die Verbindung zur Erde (siehe Abb. 3).

Sphären und Planeten
Sphären: die 9. und die 10. Sphäre, Fundament und Königreich.
Planeten: Mond und Erde.

Eigenschaften
Das untere Drittel der *Axis Mundi*, der mittleren Säule oder Spindel der Welten. Lebenskraft in Entstehung und Ausdruck. Die vier Elemente und ihre inneren Spiegelbilder im Bewußtsein.

Götter und Göttinnen
Luna und die Erdenmutter. Alle Göttinnen der Fruchtbarkeit und Geburt, des Lebens und des Todes, der Natur. Auch die Göttinnen der Voraussicht, der Weissagung, der magischen oder übernatürlichen Praktiken.

Schlüsselbegriffe
Das Reich des Lebens; das Fundament der Macht; der Durchgang des Gewahrseins nach innen und außen; Widerspiegelung und Nachbildung; die Geheimnisse der Natur.

Verbindungen zu Merlin-Texten*
PM Die Göttin des Landes; *VM* Beschreibung der Mondenwelt und ihrer Bewohner, Beschreibung der Erde und ihrer

---

* G = *Die Geschichte der Könige Britanniens* (ca. 1135)
 PM = *Prophezeiungen Merlins* (ca. 1135)
 VM = *Vita Merlini* (ca. 1150)

Regionen, Energien, Geschöpfe und verborgenen Dimensionen.

Divinatorische Bedeutung
Unbewußte Kräfte oder unsichtbare Einflüsse aus dem Inneren materialisieren sich im äußeren Leben. Angelegenheiten, die mit Geburt und Tod, Träumen und Wünschen zu tun haben. Kollektive oder gruppenbezogene Verhaltensweisen und Bewußtseinsformen. Kann auch die frühen Stufen innerer Transformation oder Einweihung anzeigen.

Verwandte Zahlenkarten
Neunen und Zehnen (oder Asse).
 Neunen: Unglück, Ausdauer, Erfüllung, Mittel.
 Zehnen: Katastrophe, Verantwortung, Freundschaft, Gelegenheit.

**2
Die Sonne**

Welt
Die Sonnenwelt (sich mit der Mondenwelt überschneidend).

Rad
Das Zweite Rad, Gerechtigkeit, und das Dritte Rad, Urteil.

Wesen
Das Sonnenwesen (die planetarischen Wesenheiten eingeschlossen), Engel, Heilige und Meister der inneren Welt, Erleuchtete, überpersönliche Lehrer und Führer, Retter und Erlöser in der Weltreligion und nach mystischer Auffassung.

Bewußtsein
Sonnenhaftes oder zentrales Wissen; überpersönliches Bewußtsein; erleuchtetes Gewahrsein.

Ergänzende Trumpfkarten
Der Stern oben, der Mond unten. Die Umdrehung ent-

gegengesetzter Trümpfe, die zu der 6. oder Sonnensphäre gehören (siehe Abb. 1, 2 und 7).

Sphären und Planeten
Sphären: die 6. und die 9. Sphäre, Schönheit und Fundament.
Planeten: Sol und Luna.

Eigenschaften
Das mittlere Drittel der *Axis Mundi*, der Spindel oder mittleren Säule der Welten. Ausgleich von Kraft in Bewegung; volle Bewußtheit und natürliche harmonische Beziehung zwischen gegensätzlichen Energien. Erweckung und Lenkung von Lebenskräften aus ihrem Ursprung. Schöpferisches Bewußtsein.

Götter und Göttinnen
Der Sohn des Lichtes und die Mutter des Lebens/Mabon und Modron/Sol und Luna. Alle göttlichen Söhne, Kinder und ihre Mütter.

Schlüsselbegriffe
Das gleiche Licht von Sonne und Mond; vollendete Macht; Wissen des Lebens; zentrales Bewußtsein; das Fundament der Harmonie.

Verbindungen zu Merlin-Texten
G Der junge Merlin; *PM* Vision eines Reiters auf einem weißen Pferd, der Flüsse lenkt; *VM* Beschreibung der Sonnenwelt.

Divinatorische Bedeutung
Eine kraftvolle Energie mit harmonisierendem, zentrierendem Einfluß auf Lebensmuster. Auftauchen von neuem

Sinn, Wissen und höheren Bewußtseinsebenen im Fragenden. Schöpferische Anpassung innerer Energien, auf überpersönliches Bewußtsein gerichtete Bewegung. Allgemeines Anzeichen für positive, heilsame Therapie auf innerer und äußerer Ebene.

Verwandte Zahlenkarten
Sechsen und Neunen.
Sechsen: Übergang, Gleichgewicht, Freude, Nutzen.
Neunen: Unglück, Ausdauer, Erfüllung, Mittel.

**3
Der Stern**

Welt
Die Sternenwelt (sich mit der Sonnenwelt überschneidend).

Rad
Das Dritte Rad, Urteil (sich mit dem Zweiten Rad, Gerechtigkeit, überschneidend).

Wesen
Sternenwesen, Erzengel, das erschaffende Sein.

Bewußtsein
Universell, übermenschlich, transzendent.

Ergänzende Trumpfkarten
Höhere Schwingungsharmonie von Sonne und Mond.

Sphären und Planeten
Sphären: die 1. und die 6. Sphäre, Krone und Schönheit.
Planeten: die Plejaden und die Sonne; die Sonne als Gestirn.

Der Stern

Eigenschaften
Das obere Drittel der *Axis Mundi*, der Spindel oder mittleren Säule des Lebensbaumes; der höchste Angelpunkt des universellen Bewußtseins; den Abgrund (*Abyssus*) zwischen Sternen- und Sonnenwelt überquerend.

Götter und Göttinnen
Der Heilige Geist oder Erste Atem gemeinsam mit dem Sohn des Lichtes; Astraea oder der Weber der Sterne gemeinsam mit Apollo, Lugh, Belenos, Christus.

Schlüsselbegriffe
Harmonie des Geistes; innerstes Licht; universelle Wahrheit; Wissen des Seins; transzendente Erleuchtung; Gnade.

Verbindungen zu Merlin-Texten
PM Die Göttin Ariadne, die Sterne webt; *VM* Beschreibung der Sternenwelt und ihrer Bewohner.

Divinatorische Bedeutung
Ein tiefgehender spiritueller Impuls oder eine transzendente Energie ist wirksam, gewöhnlich im Fragenden, bisweilen aber auch innerhalb einer Situation, in der er sich befindet. Kann auch die Bedeutung eines kollektiven oder kosmischen Energiemusters haben, das viele Personen einbezieht, darunter auch den Fragenden.

Verwandte Zahlenkarten
Asse und Sechsen.
    Asse: Leben, Licht, Liebe und Gesetz.
    Sechsen: Übergang, Gleichgewicht, Freude, Nutzen.

**4
Das Rad des Schicksals**

Welt
Die in die Sonnenwelt hineinreichende Mondenwelt (Schwelle zwischen Monden- und Sonnenwelt).

Rad
Das Erste Rad oder die Bewußtseinsschwelle.

Wesen
Engel, hochentwickelte Medien der inneren Welt, Menschen, ehemalige Menschen, Mondgeister oder Dämonen. Schließt auch Elementarwesen und andere Welten, wie das Elfenreich, mit ein.

Bewußtsein
Individuelle und kollektive Gedanken und Gefühle; kann auf eine Person beschränkt sein oder das Schicksal einer Familie, Gruppe, Rasse oder Nation mit einschließen. Die bewußte Wechselbeziehung zwischen Menschen und allen übrigen Lebensformen auf dem Planeten.

Das Rad des Schicksals

Ergänzende Trumpfkarten
Gerechtigkeit und Urteil (als höhere Schwingungsharmonie).

Sphären und Planeten
Sphären: die 7. und die 8. Sphäre, Sieg und Ehre.
Planeten: Merkur und Venus.

Eigenschaften
Verschmelzung von Gedanken und Gefühlen: Schwelle des begrenzenden Bewußtseins zwischen den äußeren und inneren Lebensenergien. Das Rad eines Lebenszyklus, die Folge der Jahreszeiten im Menschen. Auch der Zyklus der vier Elemente in der äußeren oder unter dem Mond befindliche irdische Welt und der Mondenwelt. Bewußtsein hinter oder innerhalb des physischen Ausdrucks als Form und Wechselwirkung.

Götter und Göttinnen
Fortuna (weibliches Bild), Merkur und Venus. Minerva/Brigid und die Blumenjungfrau in der keltischen Überlieferung. Steht mit Gottheiten in Verbindung, die durch ihren Einfluß auf die Menschheit Veränderungen in Situationen hervorrufen (z. B. Merkur/Minerva als Schutzpatrone der kulturellen Entwicklung, Venus als Göttin der Liebe).

Schlüsselbegriffe
Ehre und Sieg; Energie, die sich in den Gegenpolen von Gedanken und Gefühlen äußert; Veränderung des Schicksals.

Verbindungen zu Merlin-Texten
VM Merlins Reise um das Rad der Jahreszeiten.

Divinatorische Bedeutung
Eine Veränderung des Schicksals (die positiv oder negativ sein kann). Zeigt häufig in Verbindung mit anderen Karten an, wie sich die Reaktion des einzelnen auf einen Zyklus von Ereignissen auswirken wird.

Verwandte Zahlenkarten
Sieben und Achten.
Sieben: Unehrlichkeit, Fähigkeit, Humor, Aufmerksamkeit.
Achten: Gefahr, Zweckdienlichkeit, Erregung, Geschicklichkeit.

5
Gerechtigkeit

Welt
Die Sonnenwelt, die in die Sternenwelt hineinreicht. Schwelle zwischen Sonnen- und Sternenbewußtsein.

Rad
Das Zweite Rad, umfaßt und enthält das Erste Rad, Schicksal.

Wesen
Erzengel, Engel, hochentwickelte Medien der inneren Welt, Heilige oder Meister.

Bewußtsein
Überpersönlich, übermenschlich.

Ergänzende Trumpfkarten
Das Rad des Schicksals und Das Urteil (als Spiralwindungen oder Schwingungsharmonien).

Sphären und Planeten
Sphären: Die 4. und die 5. Sphäre, Gnade und Strenge.
Planeten: Mars und Jupiter.

Eigenschaften
Aufbauende und abbauende Energien innerhalb des Sonnensystems. Schöpfung und Zerstörung, Eigenschaften des spirituellen Bewußtseins. Die Göttin des Nehmens (Strenge) und der Gott des Gebens (Gnade). Ein vollkommenes Verständnis der Energie der Anpassung.

Götter und Göttinnen
Mars und Jupiter. Die Morrigan (Strenge) und der Dagda (Gnade oder Güte). Alle negativen und positiven zusammengehörigen Gegenpole und Bilder.

Schlüsselbegriffe
Anpassung/Gleichgewicht.

Verbindungen zu Merlin-Texten
PM Die Göttin des Landes, die in einer Hand einen Wald und in der anderen eine Stadt ausbalanciert; *VM* Der König und die Königin halten Gericht und urteilen über Merlin.

Divinatorische Bedeutung
Überpersönliche Energien der Anpassung. Bezieht sich auf Veränderungen und Wechselwirkungen auf einer spirituellen Ebene (ebenso wie sich Das Rad des Schicksals auf einer persönlichen und kollektiven Ebene auf solche Veränderungen bezieht). Kann auch mit Energien in Verbindung stehen, die sich im Laufe von langen Zeitzyklen anpassen, vergleichbar dem östlichen Begriff des Karma.

Gerechtigkeit ist immer ein Hinweis auf wesentliche Anpassungen, die zu einem Ausgleich führen. Dies kann so direkt wie bei einem Rechtsfall oder einer wichtigen Entscheidung verlaufen, oder es kann sich in Form von tiefgehenden Anpassungen im Individuum vollziehen.

Verwandte Zahlenkarten
Vieren und Fünfen.
 Vieren: Waffenruhe, Großzügigkeit, Versprechen, Wachstum.
 Fünfen: Verlust, Vergeltung, Kummer, Konflikt.

**6
Urteil**

Welt
Die Sternenwelt.

Rad
Das Dritte Rad. Umfaßt und enthält Gerechtigkeit und Schicksal.

Wesen
Erzengel, überirdische Wesenheiten.

Bewußtsein
Übermenschlich, transzendent.

Ergänzende Trumpfkarten
Gerechtigkeit und Das Rad des Schicksals als niedere Spiralwindungen oder Schwingungsharmonien.

Sphären und Planeten
Sphären: die 3. und die 2. Sphäre, Verständnis und Weisheit.
Planeten: Saturn und der Zodiak (oder Neptun).

Urteil

Eigenschaften
Verschmelzung von Weisheit und Verstehen. Die unbekannten Grenzen und Energien des schöpferischen Sternenuniversums. Aufnahme und Aussendung von Bewußtsein/Energie hinein in die und aus den Ursprüngen des Seins. Der Zyklus von Entstehen und Vergehen in seiner ursprünglichen universellen Bedingtheit.

Götter und Göttinnen
Die Große Mutter und der Sternenvater. Saturn und Neptun (Matrona und der Zodiak). Die höchsten Polaritäten des Seins im Universum. Auch Bilder von Raum/Zeit (3. Sphäre) und Energie (2. Sphäre).

Schlüsselbegriffe
Verständnis; Weisheit; höchstes Urteil; völlige Einsicht; Vollkommenheit der Energien.

Verbindungen zu Merlin-Texten
PM Vision der Göttin Ariadne, die das Universum entwirrt und die Ahnengeister anruft.

Divinatorische Bedeutung
Kann äußerlich die Beurteilung in einer Situation bedeuten, was von der Position im Legebild der Karten abhängt. Zeigt oft an, daß der Fragende ein Urteil treffen muß, häufig mit tiefen oder weitreichenden Wirkungen. Kann auch ein Hinweis auf kollektive oder übernommene Dinge sein, wie öffentliche Belange oder scheinbar unvermeidliche Einflüsse, doch diese Bedeutungsebene darf nur in Verbindung mit allen übrigen Faktoren betrachtet werden.

Verwandte Zahlenkarten
Zweien und Dreien.
 Zweien: Zweifel, Wahl, Freiheit, Veränderung.
 Dreien: Leiden, Absicht, Zuneigung, Anstrengung.

7
Der Narr

Welt
Die Erde und alle Welten.

Rad
Reist durch alle Drei Welten, überquert alle Drei Räder oder Schwellen. Steht ursprünglich – von einem äußeren Standpunkt aus betrachtet – mit dem Rad des Schicksals in Verbindung.

Wesen
Menschen.

Bewußtsein
Verinnerlichung des Bewußtseins, besonders des Geistes oder Intellekts auf der Suche nach der Wahrheit.

Ergänzende Trumpfkarten
Ergänzender Gegenpol: Das Universum (Welt). Höchste Gegensatz-Karte oder Widerspiegelung: Der Unschuldige

Der Narr

(Der Hierophant). Harmonische Formen: Der Magier, Der Gehängte und Der Einsiedler (in aufsteigender Reihenfolge).

Sphären und Planeten
Sphären: die 8. und die 10. Sphäre, Ruhm und Königreich.
Planeten: Merkur und die Erde.

Eigenschaften
Steht durch Erfahrungszyklen mit allen anderen Trumpfkarten in Verbindung. Eine Meister-Trumpfkarte, vollkommen beweglich und umgestaltend. Steht in besonderer Beziehung zu nach innen gerichteten oder abbauenden Energien oder Trumpfkarten. Der ursprüngliche Geist in einem Menschen. Intellekt oder Geist, der sich selbst gewahr wird.

Götter und Göttinnen
Mann/Frau, ursprüngliches Menschsein. Das Kind der Großen Mutter. Merkur und Mutter Erde.

Schlüsselbegriffe
Unschuld; suchender Geist; Reisender; vollkommene Torheit.

Verbindungen zu Merlin-Texten
G Der junge Merlin als unschuldiges prophetisches Kind, das schließlich die *Prophezeiungen* kundgibt; *VM* Der Junge mit den Drei Masken (der später zum Gehängten oder dem Dreifachen Tod wird).

Divinatorische Bedeutung
Inspiration, spiritueller Impuls. Kann auch, in Verbindung mit anderen bestimmenden Karten, ein Hinweis auf Naivi-

tät oder törichten Idealismus sein. Zeigt häufig Augenblicke oder Entscheidungen von großer Veränderung und günstiger Gelegenheit an, die in scheinbar schwierigen Situationen verborgen sind. Der geheimnisvolle befreiende Faktor, der durch die Form läuft, besonders wenn auch die Karte Der Gehängte in dem Muster auftaucht.

Verwandte Zahlenkarten
Zehnen (oder Asse, siehe Abb. 6) und Achten.
Zehnen: Katastrophe, Verantwortung, Freundschaft, Gelegenheit.
Achten: Gefahr, Zweckdienlichkeit, Erregung, Geschicklichkeit.

**8
Der Magier**

Welt
Die Mondenwelt.

Rad
Das Erste Rad, Schicksal.

Wesen
Dämonen, Menschen, ehemalige Menschen, Geister der Ahnen.

Bewußtsein
Menschlich und kollektiv oder ererbt. Kann auch mit dem Bewußtsein anderer Dimensionen und Wesen in Verbindung stehen, wie beispielsweise dem Elfenreich oder den Elementarwesen.

Ergänzende Trumpfkarten
Ergänzender Gegenpol: Die Priesterin. Harmonische Formen: Der Gehängte, Der Einsiedler. Steht auch in Ver-

bindung mit den höheren Trumpfkarten Mäßigung und Der Unschuldige (Der Hierophant).

Sphären und Planeten
Sphären: die 8. und die 9. Sphäre, Ruhm und Fundament.
Planeten: Merkur oder Hermes und Luna.

Eigenschaften
Hermes, der große Einweihende durch intellektuelle Energien, die in kontrollierten Lebenskräften begründet sind. Das organische Bewußtseinswachstum durch individuelle Anstrengung. Bildungstraditionen der magischen Künste und Wissenschaften. Der suchende Verstand und kollektive sexuelle oder grundlegende Energien, die gemeinsam zu innerer Entwicklung und äußeren Wirkungen beitragen.

Götter und Göttinnen
Luna und Hermes. Kann auch von bestimmten ursprünglichen Gottheiten verkörpert werden, die mit magischen Künsten zu tun haben; die belehrenden oder die Gestalt verändernden Götter und Göttinnen, welche die Menschheit erziehen.

Schlüsselbegriffe
Ehrenvolle Macht; Vorstellungskraft für das Leben nutzen; lebendige magische Künste; ruhmreiches Fundament des Wissens.

Verbindungen zu Merlin-Texten
VM Taliesin (inspiriert von der Göttin Minerva) legt die Natur und den Aufbau des Universums dar.

Divinatorische Bedeutung
Ist gewöhnlich ein Hinweis auf mentale Energie, Lebenskräfte und die schöpferische Nutzung des Geistes und der

Vorstellungskraft. Zeigt, der Position entsprechend, häufig jene Aspekte der Situation an, die von imaginativen Bemühungen profitieren würden.

Verwandte Zahlenkarten
Neunen und Achten.
   Neunen: Unglück, Ausdauer, Erfüllung, Mittel.
   Achten: Gefahr, Zweckdienlichkeit, Erregung, Geschicklichkeit.

**9
Der Wagen**

Welt
Die Sonnenwelt.

Rad
Das Zweite Rad, Gerechtigkeit.

Wesen
Engel, Meister der inneren Welt und Heilige (ehemalige Menschen).

Bewußtsein
Überpersönlich, abbauend oder katalysierend. Kann Aspekte des persönlichen Erkenntnisvermögens einschließen.

Ergänzende Trumpfkarten
Ergänzender Gegenpol: Die Liebenden (siehe auch Abb. 4).

Sphären und Planeten
Sphären: die 8. und die 6. Sphäre, Ruhm und Schönheit.
Planeten: Merkur und Sol.

Eigenschaften
Verschmelzung von Intellekt oder Geist und spirituellem Gewahrsein. Die Energien des Denkens und geistige Disziplin als Werkzeug für transzendentes Bewußtsein. Erleuchtung, die zu Erkenntnis führt.

Götter und Göttinnen
Hermes und Apollo; Minerva/Brigit und Bel, der Herr des Lichtes. Heidnische Göttinnen der kulturellen Entwicklung, Patroninnen von Sonnenhelden. Inspirierende Lehrer der Menschheit auf einer überpersönlichen individuellen Ebene, die möglicherweise viel Nutzen bringt.

Schlüsselbegriffe
Prachtvolle Schönheit; harmonisches Denken; Wissen in Bewegung; höheres Gewahrsein; innere Lehre; Werkzeug des göttlichen Bewußtseins.

Verbindungen zu Merlin-Texten
G, PM, VM Bezüge zu Minerva als Schutzgöttin des Wissens und der Inspiration. Auch Verbindungen zu transformierenden Göttinnen im allgemeinen.

Divinatorische Bedeutung
Höheres Wissen, wissenschaftliche Inspiration und Forschung. Kann auch die Bedeutung von spirituellen Wissenschaften und esoterischen oder hermetischen Künsten haben. Belebende Energie in der Psyche des Fragenden oder in der Situation, die zu einer von Vernunft und Einsicht inspirierten Entschlossenheit führt.

Verwandte Zahlenkarten
Sechsen und Achten.
  Sechsen: Übergang, Gleichgewicht, Freude, Nutzen.
  Achten: Gefahr, Zweckdienlichkeit, Erregung, Geschicklichkeit.

**10
Der Wächter (Der Teufel)**

Welt
Die Sonnenwelt.

Rad
Das Zweite Rad, Gerechtigkeit (verbindet Gerechtigkeit und das Erste Rad, Schicksal).

Wesen
Engel, der Sonnenerzengel, Verstorbene, Meister der inneren Welt oder Heilige, geheime Adepten der magischen Künste.

Bewußtsein
Abbauend und transzendent.

Ergänzende Trumpfkarten
Ergänzender Gegenpol: Die Herrscherin. Höhere Schwingungsharmonie: Tod.

Der Wächter (Der Teufel) 47

Sphären und Planeten
Sphären: die 8. und die 5. Sphäre, Ehre und Strenge.
Planeten: Merkur und Mars.

Eigenschaften
Verschmelzung von Intellekt oder Geist mit den sonnenhaften Energien des Abbaus oder der Reinigung. Eine behütende und inspirierende Macht. Beschützer von Lebensformen (nach außen gerichtete Bewegung) und Zerstörer von Unwahrheit oder Täuschung (nach innen gerichtete Bewegung). Durch die Zerstörung von persönlichen Illusionen enthüllte Geheimnisse.

Götter und Göttinnen
Hermes und Mars. Der Alte Herr der Tiere, Beschützer und Heiler der niederen Wesen. Kräfte des Zusammenbruchs, die sich als männliche Göttergestalten verkörpern.

Schlüsselbegriffe
Ehrenvolle Strenge; reinigendes Feuer; Herr der Tiere; Wächter der Mysterien; Hüter der Schwelle; Einweihender.

Verbindungen zu Merlin-Texten
VM Merlin als Herr der Tiere, der auf einem Hirsch reitet.

Divinatorische Bedeutung
Energien der Reinigung, der Desillusionierung und der Wiederherstellung des Gleichgewichts. Kann ein Hinweis auf Einschränkung zu positiven Zwecken sein, da der Position entsprechend häufig die innere oder spirituelle Wahrheit einer Situation aufgezeigt wird. Kennzeichnet Schwellen, deren Überschreiten gefährlich ist oder jenseits welcher man sich übernimmt. Ist seltener ein Hinweis auf magische oder spirituelle Einweihung in einer bestimmten Situation;

bietet oft den Schlüssel zu Lösungen für schwierige Probleme oder persönliche negative Lebensbereiche.

Verwandte Zahlenkarten
Achten und Fünfen.
 Achten: Gefahr, Zweckdienlichkeit, Erregung, Geschicklichkeit.
 Fünfen: Verlust, Vergeltung, Kummer, Konflikt.

**11
Der zerschmetterte Turm**

Welt
Die Sonnenwelt.

Rad
Das Zweite Rad, Gerechtigkeit.

Wesen
Feurige oder katabolische (dem Abbau dienende) Engel, der Sonnenerzengel. Wesen der inneren Welt, die mit Reinigung und Zerstörung zu tun haben.

Bewußtsein
Überpersönlich.

Ergänzende Trumpfkarten
Ergänzender Gegenpol: Kraft. Höhere Schwingungsharmonie: Tod, Der Gehängte.

Sphären und Planeten
Sphären: die 5. und die 6. Sphäre, Strenge und Schönheit.
Planeten: Mars und Sol.

Eigenschaften
Die sprengende oder zerbrechende Kraft, die dem Sonnensystem und dem gesamten Universum innewohnt. Die unpersönliche Macht des Nehmens. Veränderung, verursacht durch katabolischen Abbau oder Reaktionsbeschleunigung durch katalysierende Wirkung. Zusammenbruch der Form durch Gewalt. Der Blitzstrahl.

Götter und Göttinnen
Mars/Minerva und Apollo. Götter der unerwarteten und unentrinnbaren Gewalt (die Pfeile Apollos und der Speer der Minerva). Bilder der göttlichen Vergeltung oder Reinigung. In den frühen keltischen Sagen verkörpert durch die zerstörerische Macht der Morrigan, der Göttin der Schlachten.

Schlüsselbegriffe
Schöne Strenge; Befreiung von der Form; Reinigung durch Feuer; Zerstörer von Verderbnis; spiritueller Blitz.

Verbindungen zu Merlin-Texten
G Ein wichtiges Handlungsmotiv, worin König Vortigern einen Turm erbaut, der von einem roten und weißen Drachen untergraben wird, die in einer Höhle unter dem Fundament versteckt sind. Führt zu den *Prophezeiungen*, die der junge Merlin kundgibt.

Divinatorische Bedeutung
Zusammenbruch und Einsturz von ungesunden, falschen oder in unnatürlicher Weise erstarrten Bedingungen. Zer-

störung von Illusionen oder Täuschungen. Kann ein Hinweis auf materiellen und physischen Zusammenbruch oder Verlust sein, was von der Kartenposition und anderen Karten im Muster abhängt. Plötzliches und häufig unerwartetes Zusammenbrechen oder Scheitern innerhalb der Situation des Fragenden.

Verwandte Zahlenkarten
Fünfen und Sechsen.
Fünfen: Verlust, Vergeltung, Kummer, Konflikt.
Sechsen: Übergang, Gleichgewicht, Freude, Nutzen.

**12
Tod**

Welt
Die Sternenwelt.

Rad
Das Dritte Rad, Urteil (verbindet das Zweite Rad, Gerechtigkeit, und Urteil).

Wesen
Erzengel, übermenschliche Wesen.

Bewußtsein
Übermenschlich, überirdisch. Entspricht sowohl dem Überbewußtsein als auch dem kollektiven oder ererbten Bewußtsein in seiner umfassendsten Form.

Ergänzende Trumpfkarten
Ergänzender Gegenpol: Der Herrscher (siehe auch Abb. 4).

Tod

Sphären und Planeten
Sphären: die 3. und die 5. Sphäre, Verständnis und Strenge.
Planeten: Saturn und Mars.

Eigenschaften
Eine universelle weibliche Macht von abbauender oder nach innen gerichteter Wirkung. Zerstörerische und reinigende Sonnenenergie, die von tiefem Verstehen durchdrungen ist. Die höchste Auflösung von Form und Struktur, die über den Abgrund (*Abyssus*) Energie zurückzieht.

Götter und Göttinnen
Mars/Minerva und die Große Mutter. Tod ist eine weibliche Gestalt, und alle alten Göttinnen des Todes, des Nehmens, der Auflösung und des übermenschlichen oder vollkommenen Verstehens haben etwas von diesem Bildnis an sich.

Schlüsselbegriffe
Strenges Verstehen; Die Apfelfrau; höchste Transformation; reinigendes Verstehen; Die Sonne um Mitternacht; Rückkehr zur Mutter; umfassende Veränderung.

Verbindungen zu Merlin-Texten
PM Beziehungen zur Göttin Ariadne, die das Universum entwirrt; *VM* Die Apfelfrau, die versucht, Merlin zu töten oder in den Wahnsinn zu treiben (ein Motiv aus der heidnisch-keltischen Mythologie).

Divinatorische Bedeutung
Bedeutet ursprünglich eine Wendung zum Besseren. Schließt mit ein, daß nach Auflösung und Tod neues Leben kommt. Oft ein Hinweis auf vollkommene Veränderung und Neuorientierung. Zeigt auf einer höheren Stufe des Verstehens

häufig Veränderungen an, die aus tiefen inneren oder spirituellen Motiven entspringen und die Auflösung von äußeren Formen oder Mustern im persönlichen Leben bewirken. Kann daher auf Bereiche von persönlicher Spannung und innerem Konflikt hinweisen, die nur durch echte Veränderung gelöst werden können.

Verwandte Zahlenkarten
Dreien und Fünfen.
Dreien: Leiden, Absicht, Zuneigung, Anstrengung.
Fünfen: Verlust, Vergeltung, Kummer, Konflikt.

**13
Der Gehängte
(Der hängende Mann)**

Welt
Die Sternenwelt, über den Abgrund (*Abyssus*) in die Sonnenwelt hineinreichend.

Rad
Das Dritte Rad, Urteil, das sich mit dem Zweiten Rad, Gerechtigkeit, kreuzt.

Wesen
Retter oder Erlöser, Söhne des Lichtes, Erzengel, der Sonnenerzengel. Geopferte Könige und Helden. Hochentwickelte Medien der inneren Welt. Der Orden von Melchisedek oder der Ahnenkönige.

Bewußtsein
Überpersönlich.

Ergänzende Trumpfkarten
Ergänzender Gegenpol: Mäßigung. Steht auch in Verbindung mit Der Narr als einem Meistertrumpf.

Sphären und Planeten
Sphären: die 3. und die 6. Sphäre, Verständnis und Schönheit.
Planeten: Saturn und Sol.

Eigenschaften
Die Vereinigung der Großen Mutter mit dem Sohn des Lichtes. Das Paradox des Opfers und die Umkehrung von Zeit, Raum und Energie. Erlösung und Transformation durch Verständnis. Umkehrung aller herkömmlichen Bewußtseinsformen. Umfassendes Begreifen und Wissen, das sich in einer individuellen Wesenheit konzentriert.

Götter und Göttinnen
Saturn und Apollo. Die Große Mutter und ihr Sohn. Alle geopferten Götter, Könige und Helden. Bezieht sich auf Christus in der orthodoxen abendländischen Religion, schließt jedoch eine universelle Tradition ein, die sich in verschiedenen Erlösergestalten verkörpert.

Schlüsselbegriffe
Schönes Verstehen; universelle Harmonie; Opfer bringen in vollem Wissen; Stütze des Himmelsgewölbes.

Verbindungen zu Merlin-Texten
VM Der Dreifache Tod.

Divinatorische Bedeutung
Opfer der äußeren Form oder von Gewohnheiten oder einer Situation zu einem unpersönlichen oder überpersönlichen Zweck. Paradoxe Situationen oder Momente, in denen eine neue Stufe des Verstehens erreicht wird. Ist oft ein Hinweis auf äußere Situationen, die mit offensichtlichen Verlusten oder Schwierigkeiten verbunden sind, aber

mit der Zeit zu Wachstum und erhöhter Bewußtheit führen, welche über die Persönlichkeit hinausgeht.

Verwandte Zahlenkarten
Dreien und Sechsen.
Dreien: Leiden, Absicht, Zuneigung, Anstrengung.
Sechsen: Übergang, Gleichgewicht, Freude, Nutzen.

**14
Der Einsiedler**

Welt
Die erschaffende Sternenwelt.

Rad
Jenseits des Dritten Rades, Urteil.

Wesen
Überirdisches Bewußtsein, das sich von dem Prozeß der Individuation zurückzieht. Bezieht sich auch auf bestimmte Wesen der inneren Welt, die sich dafür entscheiden, als Führer oder zur Einsicht inspirierende Lehrer hierzubleiben, anstatt in die Leere jenseits des Seins einzutreten.

Bewußtsein
Übermenschlich und universell.

Ergänzende Trumpfkarten
Ergänzender Gegenpol: Der Unschuldige (Der Hierophant). Steht auch in Verbindung zu Der Gehängte, Der Magier und Der Narr als niedere Schwingungsharmonien.

Der Einsiedler

Sphären und Planeten
Sphären: die 1. und die 3. Sphäre, Krone und Verständnis.
Planeten: Primum Mobile (Uranus in der modernen Astrologie) und Saturn.

Eigenschaften
Rückzug des Überbewußtseins nach innen zu seinem letztendlichen Ursprung. Das Erfassen der transzendenten Wahrheit.

Götter und Göttinnen
Saturn und der Heilige Geist. Wird ideell dargestellt als der Atem des Geistes in der Großen Mutter. Alle Bilder, die Raum und Zeit zurücknehmen: wird häufig von alten Göttergestalten vermittelt, wie beispielsweise den Titanen, doch handelt es sich dabei mehr um eine Eigenheit der menschlichen Kultur als um eine fortdauernde Reihe von Göttergestalten.

Schlüsselbegriffe
Verstehen der Wahrheit; inneres Begreifen; Licht in der Dunkelheit; Rückzug in den Geist.

Verbindungen zu Merlin-Texten
VM Merlin zieht sich als alter weiser Mann zum Abschluß der *Vita* zurück; dieser Rückzug steht in Verbindung mit der Beobachtung der Gestirne (der Lauf der Zeit und der überirdischen Energien).

Divinatorische Bedeutung
Ist häufig ein Hinweis darauf, daß der Fragende für die richtigen Antworten auf seine Frage nach innen schauen muß. Zeigt an, daß Verständnis durch Meditation gefunden werden kann und daß Führung selbst in der schwierig-

sten Situation möglich ist. Kann auch den Abschluß eines Lebenszyklus oder einer Lebensphase anzeigen und dementsprechend eine Zurücknahme von Energien. Stellt auf einer äußeren Ebene eine Phase der Selbstprüfung und -einschätzung dar. Im Merlin-Tarot taucht diese Trumpfkarte oft in Verbindung mit Der Narr und/oder Der Gehängte auf.

Verwandte Zahlenkarten
Dreien und Asse.
 Dreien: Leiden, Absicht, Zuneigung, Anstrengung.
 Asse: Leben, Licht, Liebe und Gesetz.

15
Der Unschuldige
(Der Hierophant)

Welt
Die erschaffende Sternenwelt.

Rad
Geht dem Dritten Rad, Urteil, voraus.

Wesen
Vier erschaffende Mächte oder Erzengel. Universelles göttliches Sein.

Bewußtsein
Erschaffendes Sein.

Ergänzende Trumpfkarten
Ergänzender Gegenpol: Der Einsiedler. Durch Widerspiegelung: Das Universum oder Die Welt und Der Narr.

Sphären und Planeten
Sphären: die 1. und die 2. Sphäre, Krone und Weisheit.

Planeten: Primum Mobile (Uranus in der modernen Astrologie) und der Zodiak.

Eigenschaften
Die Krone der Weisheit. Vollkommenes Sein, das aus einer unbekannten Quelle strömt.

Götter und Göttinnen
Der Heilige Geist und der Zodiak oder die Versammlung der Sterne. Die Göttin Sophia oder Heilige Weisheit.

Schlüsselbegriffe
Vollkommenheit; Unschuld; Wahrheit; der Ursprüngliche Name.

Verbindungen zu Merlin-Texten
PM Beziehung zu weiblichen Gottheiten, wie beispielsweise der Göttin Ariadne und der Jungfrau, die das Land reinigt. Kein deutlicher Bezug.

Divinatorische Bedeutung
Zeigt an, daß eine schöpferische spirituelle Macht innerhalb einer gegebenen Situation oder Fragestellung wirksam ist. Ein Anzeichen dafür, daß eine bestimmte Situation oder ein Muster durch Weisheit und Wahrheit belebt wird; kann auf einer einfacheren Ebene als positiver Hinweis verstanden werden, was von der Position und den anderen Karten abhängt. Steht häufig symbolisch für einen kraftvollen Neuanfang in einem Lebenszyklus oder einer Situation.

Verwandte Zahlenkarten
Asse und Zweien.
   Asse: Leben, Licht, Liebe und Gesetz.
   Zweien: Zweifel, Wahl, Freiheit, Veränderung.

**16
Mäßigung**

Welt
Die Sternenwelt, über den Abgrund (*Abyssus*) in die Sonnenwelt hineinreichend.

Rad
Das Dritte Rad, Urteil, welches das Zweite Rad, Gerechtigkeit, kreuzt.

Wesen
Erzengel, Weltenretter und Söhne des Lichtes. Besonderer Bezug zu dem Erzengel oder hohen Bewußtsein des Zodiaks oder der Verbindung zwischen der Sonne und anderen Gestirnen. Kann auch gewisse übermenschliche Bewußtseinsformen mit einschließen, die auf menschliche Ursprünge zurückgehen (wie in Überlieferungen von Männern und Frauen, die zu »Erzengeln« geworden sind).

Bewußtsein
Überpersönlich, übermenschlich, universell.

Ergänzende Trumpfkarten
Ergänzender Gegenpol: Der Gehängte (siehe auch Abb. 4).

Sphären und Planeten
Sphären: die 2. und die 6. Sphäre, Weisheit und Schönheit.
Planeten: der Zodiak (oder Neptun) und Apollo, Sol.

Eigenschaften
Eine Verschmelzung von Sternen- und Sonnenenergien. Völliges Gleichgewicht und vollkommene Harmonie, die makellose Umwandlung und Ausgewogenheit von Kraft und Form entstehen lassen. Überquert den Abgrund zwischen universellen erschaffenden Energien und von der Sonne erschaffenen Strukturen und Lebensformen. Traditionell der Weg des Erlösers oder Lichtsohnes, der in die erschaffenen Welten hineinführt.

Götter und Göttinnen
Der Zodiak und Sol. Neptun (als Herrscher des Universellen Sternenmeeres) und Apollo als Lichtgott. Ist auch ein Hinweis auf das transzendente und keiner bestimmten Religion zugehörige Bild des Retters (Heilands) oder Lichtwesens. Dieses Bild ist androgyn.

Schlüsselbegriffe
Schöne Weisheit; Machtvollkommenheit; universelle Umwandlung; die Lichtbrücke.

Verbindungen zu Merlin-Texten
VM In höheren Stufen der Schöpfungsvision enthalten.

Divinatorische Bedeutung
Kann einfach Mäßigung oder Ausgeglichenheit innerhalb der Frage bzw. Situation bedeuten; Kräfte oder Bewußt-

seinszustände, die zu einem harmonischen Ergebnis führen. Kann auf einer höheren Stufe Gnade oder Macht aus unbekannten Quellen oder durch bisher noch ungenützte innere Ressourcen anzeigen. Gelegentlich ein Hinweis auf einen unmittelbaren spirituellen Einfluß, der innerhalb der Frage wirksam ist.

Verwandte Zahlenkarten
Zweien und Sechsen.
 Zweien: Zweifel, Wahl, Freiheit, Veränderung.
 Sechsen: Übergang, Gleichgewicht, Freude, Nutzen.

**17
Der Herrscher**

Welt
Die Sternenwelt, über den Abgrund (*Abyssus*) in die Sonnenwelt hineinreichend, wie auch die ergänzende Trumpfkarte Tod.

Rad
Das Dritte Rad, Urteil (verbindet Urteil mit dem Zweiten Rad, Gerechtigkeit).

Wesen
Erzengelhaft, übermenschlich.

Bewußtsein
Übermenschlich. Verschmelzung von Sternen- und Sonnenbewußtsein.

Ergänzende Trumpfkarten
Ergänzender Gegenpol: Tod. Niedere Schwingungsharmonie: Die Herrscherin.

Der Herrscher

Sphären und Planeten
Sphären: die 2. und die 4. Sphäre, Weisheit und Gnade.
Planeten: Der Zodiak (Neptun in der modernen Astrologie) und Jupiter.

Eigenschaften
Der Große Gebende. Der Ausbruch von Energie und potentiellem Leben über den Abgrund in die erschaffene oder Sonnenwelt. Entspricht dem Gottvater. Weisheit und Mitgefühl.

Götter und Göttinnen
Der Zodiak oder Gottvater und Jupiter. Der ehrwürdige Himmelsvater, der universelle Samen oder die potentielle schöpferische Kraft des Seins, die sich in Form von Galaxien im Gefäß von Zeit und Raum manifestiert.

Schlüsselbegriffe
Der Große Gebende; der mitfühlende Vater; barmherzige Weisheit.

Verbindungen zu Merlin-Texten
PM Vision eines weißhaarigen Mannes auf einem weißen Pferd, der einen weißen Stab dafür verwendet, um die Ausdehnung eines Flusses zu messen; *VM* Entspricht auf der materiellen Ebene dem vollkommenen König oder Herrscher Rhydderch, dem großzügigen Herrn. Auch Teil der Sternenschöpfung, die von Taliesin beschrieben wird.

Divinatorische Bedeutung
Unbegrenzbare schöpferische Macht. Kann einfach, entsprechend der anderen Karten und der Position, ein Hinweis auf eine sehr nutzbringende Phase oder Gelegenheit sein. Zeigt auf einer höheren Stufe häufig Gelegenheiten für

eine Verbindung zwischen bzw. eine Verschmelzung von innerem und äußerem Leben und Bewußtsein an (die Überquerung des Abgrunds in einem Zustand der Weisheit). Kann auf einer äußeren Ebene auch Vaterschaft oder Einbeziehung in Situationen anzeigen, wo eine väterliche oder nutzbringende Rolle mit Erfolg übernommen wird.

Verwandte Zahlenkarten
Zweien und Vieren.
Zweien: Zweifel, Wahl, Freiheit, Veränderung.
Vieren: Waffenruhe, Großzügigkeit, Versprechen, Zuwachs.

**18
Kraft**

Welt
Die Sonnenwelt.

Rad
Das Zweite Rad, Gerechtigkeit.

Wesen
Engel des Aufbaus oder Segens. Der Sonnenerzengel. Wesen der inneren Welten, die mit positiven oder aufbauenden Energien und Bedingungen zu tun haben.

Bewußtsein
Überpersönlich.

Ergänzende Trumpfkarten
Ergänzender Gegenpol: Der zerschmetterte Turm. Höhere Schwingungsharmonie: Mäßigung.

Sphären und Planeten
Sphären: die 4. und die 6. Sphäre, Gnade und Schönheit.
Planeten: Jupiter und Sol.

Eigenschaften
Die anabolische oder aufbauende Macht der Sonnenwelt. Die gebende und schöpferische Kraft, die alle Formen und alles Leben in den verschiedenen Welten unterstützt.

Götter und Göttinnen
Jupiter und Apollo. Der segnende Aspekt des Lichtsohnes.

Schlüsselbegriffe
Barmherzige Schönheit; harmonisches Mitgefühl; Kraftspender.

Verbindungen zu Merlin-Texten
PM Unklarer Bezug zu einer Gestalt, die mit einem Löwen kämpft, nicht unbedingt relevant; *VM* In der Schöpfungsvision angedeutet durch die vielen Wesen und eine Fülle an schöpferischer Kraft.

Divinatorische Bedeutung
Eine positive und heilsame Quelle der Kraft. Kann, entsprechend der Position und anderer Karten, Macht in einer gegebenen Situation anzeigen oder materiellen Vorteil bedeuten. Ist häufig ein Hinweis auf schöpferische oder konstruktive Möglichkeiten innerhalb der Situation bzw. Fragestellung.

Verwandte Zahlenkarten
Vieren und Sechsen.
 Vieren: Waffenruhe, Großzügigkeit, Versprechen, Zuwachs.
 Sechsen: Übergang, Gleichgewicht, Freude, Nutzen.

**19
Die Herrscherin**

Welt
Die Sonnenwelt.

Rad
Das Zweite Rad, Gerechtigkeit (verbindet Gerechtigkeit und das Erste Rad, Schicksal).

Wesen
Engel, der Sonnenerzengel. Wesen der inneren Welt und ehemalige Menschen.

Bewußtsein
Anabolische oder aufbauende Sonnenenergien, die im individuellen oder kollektiven Bewußtsein verkörpert sind.

Ergänzende Trumpfkarten
Ergänzender Gegenpol: Der Wächter. Höhere Schwingungsharmonie: Der Herrscher (siehe auch Abb. 4).

Sphären und Planeten
Sphären: die 4. und die 7. Sphäre, Gnade und Sieg.
Planeten: Jupiter und Venus.

Eigenschaften
Positive, gebende, großzügige und segnende Mächte. Positive oder gesunde Emotionen im menschlichen Bewußtsein. Lebenskräfte werden voneinander angezogen und nehmen Gestalt an.

Götter und Göttinnen
Jupiter und Venus, die Gottheiten, die Segen übertragen. Die Herrin der Blumen (oder der Natur). Die Göttin des Gebens.

Schlüsselbegriffe
Barmherziger Sieg; mitleidvolle Göttin; Herrin der Blumen; Lebensspender.

Verbindungen zu Merlin-Texten
PM Eine Jungfrau schenkt dem Land Leben durch geheimnisvolle Kräfte; *VM* Merlins Gemahlin Guendoloena.

Divinatorische Bedeutung
Zeigt einen positiven Zustand oder Umstand des Gebens an. Kann mit persönlichen Emotionen oder Partnern in Verbindung stehen oder symbolisch eine fruchtbare, schöpferische oder nutzbringende Situation darstellen. Neigt dazu, auf Situationen hinzuweisen, in denen nährende oder pflegende Eigenschaften verlangt werden, um inneres Potential wirklich umzusetzen, doch dies variiert entsprechend der Position und anderer Karten im Legemuster.

Die Herrscherin 73

Verwandte Zahlenkarten
Vieren und Sieben.
Vieren: Waffenruhe, Großzügigkeit, Versprechen, Zuwachs.
Sieben: Unehrlichkeit, Fähigkeit, Humor, Aufmerksamkeit.

**20
Die Liebenden**

Welt
Die Sonnenwelt.

Rad
Das Zweite Rad, Gerechtigkeit.

Wesen
Engel, der Sonnenerzengel. Frühere Menschen und übermenschliche Lehrer, Meister der inneren Welt oder Heilige.

Bewußtsein
Spirituelle Energien, die sich als Emotionen widerspiegeln. Die schöpferische oder aufbauende Lebenskraft des Sonnenwesens.

Ergänzende Trumpfkarten
Der Wagen (siehe auch Abb. 4).

Die Liebenden

Sphären und Planeten
Sphären: die 6. und die 7. Sphäre, Schönheit und Sieg.
Planeten: Sol und Venus.

Eigenschaften
Liebe als spirituelle Macht und nicht als persönliche Gefühlsempfindung. Gefühle in ihrer reinsten und ausgewogensten Erscheinungsweise oder Form. Die vollkommene Vereinigung von männlichen und weiblichen Energien innerhalb der Menschheit, entweder auf kollektiver oder individueller Ebene. Innere Energien streben nach Lebensausdruck in polarisierter Form (männlich und weiblich, positiv und negativ).

Götter und Göttinnen
Apollo und Venus, der Herr und die Herrin des Lichtes und der Harmonie. Auch der geheimnisvolle Eros, der Göttern und Göttinnen Macht verleiht.

Schlüsselbegriffe
Harmonie und Sieg; schöne Gefühle; vollkommene Partnerschaft; gegenseitige Widerspiegelung der Wahrheit; spirituelle Liebe.

Verbindungen zu Merlin-Texten
VM Die Beziehung zwischen Merlin und seiner Gemahlin Guendoloena (dieses Motiv wird in der *Vita* jedoch verwischt bzw. rational erklärt und besser durch das Bild der Trumpfkarte dargestellt).

Divinatorische Bedeutung
Liebe und Beziehungen. Bedeutet im allgemeinen positive, harmonische Verbindungen zu anderen Menschen, was von der Position und den anderen Karten abhängt. Kann auch

eine spirituelle oder transzendente Macht im Individuum bedeuten. Schließt den Ausgleich zwischen Männlichem und Weiblichem mit ein, die nach außen oder nach innen gerichtet sein können. Steht häufig für inspirierte Kreativität, gewöhnlich in Verbindung mit einem Liebespartner oder einem idealisierten Ziel.

Verwandte Zahlenkarten
Sechsen und Sieben.
Sechsen: Übergang, Gleichgewicht, Freude, Nutzen.
Sieben: Unehrlichkeit, Fähigkeit, Humor, Aufmerksamkeit.

**21
Die Priesterin**

Welt
Die Mondenwelt (Schwelle zur Sonnenwelt).

Rad
Das Erste Rad, Schicksal.

Wesen
Menschen, ehemalige Menschen, bestimmte übermenschliche Lehrer der inneren Welt, Dämonen und Naturgeister, Elementale.

Bewußtsein
Emotionales und bildhaftes menschliches Bewußtsein.

Ergänzende Trumpfkarten
Ergänzender Gegenpol: Der Magier. Trumpfkarten der höheren Schwingungsharmonie: Kraft, Mäßigung, Der Unschuldige (Der Hierophant).

Sphären und Planeten
Sphären: die 7. und die 9. Sphäre, Sieg und Fundament.
Planeten: Venus und Luna.

Eigenschaften
Gefühle und schöpferische bzw. reproduktive Energien. Die Gezeiten der Lebenskraft und ein Gewimmel von Lebensformen. Die Vorstellungskraft, welche der Realität Ausdruck oder Gestalt gibt. Eine weibliche, aufbauende und therapeutische Bewußtseinsform bzw. Energie.

Götter und Göttinnen
Venus und Luna, die Göttinnen der Liebe und des Lebens, der Gezeiten und Gefühle. Alle alten Göttinnen, die mit positiven Gefühlsregungen (Anziehung, Liebe, Sympathie, Freundschaft) in Beziehung gesetzt werden. Göttinnen oder Bilder der inneren Welten, die mit Therapie, Wiedergeburt, Transformation durch die natürlichen Gezeiten oder Zyklen der sich stetig erneuernden Welt (d.h. im Rad des Schicksals) verbunden sind. Diese göttlichen Gestalten können auch als Führerinnen oder Einweihende in das höhere überpersönliche Bewußtsein der Sonnenwelt wirken.

Schlüsselbegriffe
Siegreiches Fundament des Lebens; Liebe als eine Macht; die Mysterien des inneren Feuers; die Muse; Königin von den Inseln der Glückseligen.

Verbindungen zu Merlin-Texten
VM Vision von Morgane und ihren neun Schwestern, die über die Gesegnete Insel herrschen und den verwundeten König Arthur heilen.

Absender:

Name _____

Vorname _____

Straße, Hausnummer _____

Postleitzahl |_|_|_|_|_| Wohnort _____

☐ Bitte senden Sie mir ein kostenloses Probeheft der Zeitschrift **esotera** mit dem Gesamtverzeichnis des Verlags Hermann Bauer zu.

0100

Antwort

**Verlag
Hermann Bauer KG
Kronenstraße 2
Postfach 167**

D-79001 Freiburg

Bitte mit
80 Pfennig
freimachen,
falls
Briefmarke
zur Hand

esotera

Tauchen Sie ein in die Welt des neuen Wissens.

esotera Das Magazin für Neues Denken und Handeln

esotera eröffnet Ihnen die faszinierende Welt esoterischen Wissens – jeden Monat neu. **esotera** weist Wege zu einem erfüllten Dasein. Durch kompetente Berichterstattung und faszinierende Reportagen, aktuelle Serien und Info-Rubriken, Literatur-, Film- und Videobesprechungen ist **esotera** für spirituell interessierte Leser ein nahezu unverzichtbares Medium. **esotera** berichtet zwölfmal im Jahr über Lebenshilfe, ganzheitliche Gesundheit, Psi, Urwissen der Menschheit, spirituelle Kreativität und vieles mehr.

Ein kostenloses Probeheft schicken wir Ihnen gerne zu. Weitere Angebote finden Sie im Gesamtverzeichnis des Verlags Hermann Bauer. Bitte umseitig ankreuzen.

Divinatorische Bedeutung
Beziehung zwischen Emotionen und grundlegenden oder sexuellen Energien; häufig ein Hinweis auf geistige und emotionale Gesundheit, Angelegenheiten der sexuellen Anziehung, Fortpflanzung und schöpferischen Arbeit, die Gefühle mit einbezieht. Kann sich auch auf Einsichten in die inneren Mysterien des Lebens beziehen, entweder in Form von emotionaler Reife oder bestimmter magischer Künste (wie beispielsweise Meditation, Visualisierung, Gebet oder magischen Tanz und Musik).

Verwandte Zahlenkarten
Sieben und Neunen.
 Sieben: Unehrlichkeit, Fähigkeit, Humor, Aufmerksamkeit.
 Neunen: Unglück, Ausdauer, Erfüllung, Mittel.

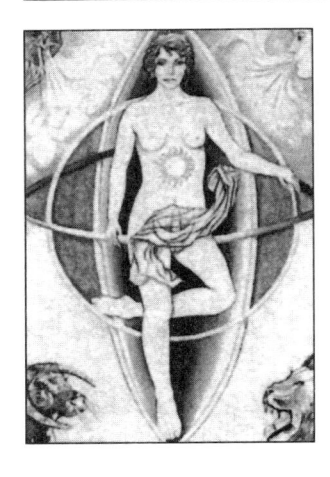

22
Das Universum (Die Welt)

Welt
Die irdische oder äußere Welt, doch zugleich alle Welten.

Rad
Das Erste Rad, Schicksal, doch auch alle Drei Räder.

Wesen
Alle Lebewesen im Universum. Menschen auf der Erde.

Bewußtsein
Persönlich und kollektiv. Steht auch in Beziehung zur *Anima Mundi* oder Weltenseele in der mittelalterlichen Metaphysik.

Ergänzende Trumpfkarten
Ergänzender Gegenpol: Der Narr. Höchster Gegensatz: Der Einsiedler. Harmonische Schwingungsformen: Die Priesterin und Mäßigung.

Sphären und Planeten
Sphären: die 7. und die 10. Sphäre, Sieg und Königreich.
Planeten: Venus und Erde.

Eigenschaften
Das Bewußtsein der Welt oder des Universums. Die vier Mächte und Elemente in allen Lebensformen. Schließt universelles Sein in einem Abbild des individuellen Ausdrucks ein.

Götter und Göttinnen
Venus oder die Blumenjungfrau und die Erdgötter und -göttinnen. Im höchsten Sinne ein androgynes Wesen, das häufig in der Bildersprache der Alchemie und Metaphysik dargestellt wird. Durch Umkehrung ist dies der göttliche Androgyn, der in der Materie enthaltene universelle Geist.

Schlüsselbegriffe
Sieghaftes Reich; Vollkommenheit der Elemente; universelles Sein; Göttlichkeit in der Materie; das Universum im menschlichen Bewußtsein; manifestierte Wahrheit.

Verbindungen zu Merlin-Texten
PM Vision der Göttin des Landes; *VM* Aspekte der Schöpfungsvision, die mit den vier Mächten und Elementen in Verbindung steht.

Divinatorische Bedeutung
Kann einfach weltliche oder materielle Belange bedeuten, besonders im Zusammenhang mit den anderen Karten. Bezieht sich auch auf das Gleichgewicht der Elemente oder Energien im Individuum (je nach Position) und zeigt äußere Faktoren oder Folgen an. Ist auch ein direkter Hinweis darauf, wo – entsprechend der Position der Karte – der

stärkste Einfluß innerhalb einer Situation gefunden werden kann.

Verwandte Zahlenkarten
Zehnen (oder Asse, siehe Abb. 6) und Sieben.
Zehnen: Katastrophe, Verantwortung, Freundschaft, Gelegenheit.
Sieben: Unehrlichkeit, Fähigkeit, Humor, Aufmerksamkeit

2 Die Zahlenkarten

Die vier Asse

Das As der Vögel

Element: Luft; *Himmelsrichtung:* Osten; *Farbe:* Schwerter oder Pfeile; *Macht:* Leben; *Schlüsselbegriffe:* Morgendämmerung, Frühling, Anfang, Flug, Geburt, Morgen

Das As der Vögel ist der Adler, das herrschende Geschöpf des Luftelementes. Unser Bild zeigt einen Adler, der einen Pfeil zu einem Nest trägt. Da der Merlin-Tarot mit lebendigen Geschöpfen arbeitet, tauchen Adler, Habichte und andere Vögel in bestimmten Trumpfkarten auf. Das As der Vögel ruft kraftvolle und beunruhigende neue Aussichten, Anfänge und Veränderungen hervor. Es handelt sich um eine Karte mit einem großen, aber noch unrealisierten Potential, die erzeugende Energie besitzt.
  Es hängt von anderen Karten in einem Legebild ab, ob der Adler Vorteile oder Probleme, Leben oder Tod bringen kann. Es ist schwierig, sich mit diesem Geschöpf zu verbünden und eine ausgewogene Beziehung zu seiner Macht herzustellen – denn Luft ist ein schwieriges Element. Dies wird dann sichtbar, wenn sich die erzeugende Kraft durch äußere Umstände manifestiert und als Störung auftritt. Doch spirituelle Macht entfaltet sich dann, wann es ihr beliebt, und wir können uns ihr nicht entgegenstellen.

Die Macht von Luft sollte jedoch nicht als negativ oder niederdrückend angesehen werden. Sie ist die Inspiration des Geistes, welche die Seele erreicht, der Atem des Lebens, der Vitalität, des Seins an sich.

In den meisten Tarotdecks wird das As der Luft als Schwert dargestellt – die erste Karte in der Farbe der Schwerter. Unser As zeigt den Bogen, das Werkzeug des Fluges, der Genauigkeit, der Durchdringung bis ins Herz oder den Mittelpunkt der Zielscheibe.

Das As der Schlangen

Element: Feuer; *Himmelsrichtung:* Süden; *Farbe:* Ruten oder Stäbe; *Macht:* Licht; *Schlüsselbegriffe:* Sommer, Mittag

Das As der Schlangen ist der Drache, das Geschöpf des Feuers und des Lichtes. Es wird auch durch den feuergeborenen Salamander dargestellt, der in bestimmten Trumpfkarten, gelegentlich als Schlange, auftaucht. Die Elementarmächte und -wesen werden manchmal als vier Arten übernatürlicher Wesen beschrieben: Sylphen für die Luft, Salamander für das Feuer, Undinen für das Wasser und Gnome für die Erde. Bedauerlicherweise ist dies durch die moderne Fantasy-Literatur und Comiczeichnungen entstellt worden, bildet jedoch immer noch ein Überbleibsel aus der alten Märchentradition der Anderwelt.

Der Drache ist die Macht des Lichtes im Innern der Erde. Das Erwecken der Drachenkraft führt dazu, daß Merlin als Jugendlicher seine Prophezeiungen kundtut. In gewisser Hinsicht steht der Drache für das Feuerelement, die brennende Flamme, während er auf einer höheren Oktave das universelle Licht, die Energie des Seins, verkörpert. Das

Die Zahlenkarten   85

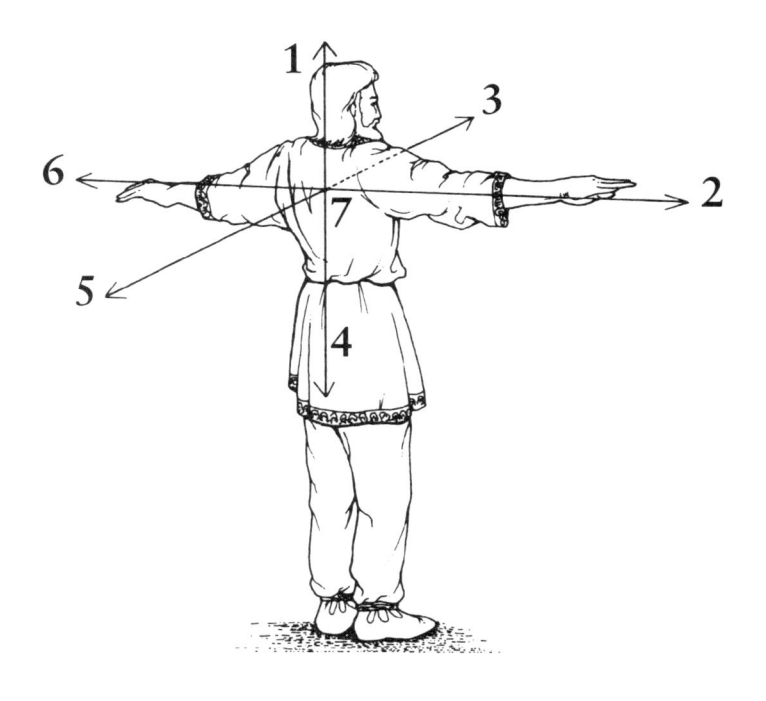

Abb. 5: Die sieben Richtungen

1 Oben
2 Osten (vorne)
3 Süden (rechts)
4 Unten
5 Westen (hinten)
6 Norden (links)
7 Innen

Auftauchen des Drachen in einem Tarot-Legebild zeigt eine ausgleichende, bekräftigende Macht, eine an Wirksamkeit zunehmende Energie.

Das Werkzeug des Feuers ist die Rute oder der Stab, gelegentlich auch der Speer. In der christlichen Lehre finden wir den Erzengel des Südens, Michael, der den Drachen mit seinem Speer bezwungen haben soll. Dabei handelt es sich um die Verfälschung einer alten Gottesvorstellung, wonach der Gott des Lichtes (Bel oder Lugh in der keltischen Mythologie) mit der Drachenmacht assoziiert wird.

Meditationen über das As der Schlangen erwecken unser inneres Feuer und Licht; von daher erklärt sich die Verwendung des Stabes zu Zwecken der Harmonie, Ausgewogenheit und Kontrolle.

Das As der Fische

Element: Wasser; *Himmelsrichtung:* Westen; *Farbe:* Kelche oder Gefäße; *Macht:* Liebe; *Schlüsselbegriffe:* Herbst, Abend

Der Salm ist ein Geschöpf des Wassers. In der keltischen Überlieferung ist der Salm das ursprüngliche Geschöpf tiefer Weisheit, der große Fisch, der in den Wassern der Ewigkeit schwimmt. Obwohl unser modernes Denken dazu neigt, Fische als Kaltblüter anzusehen, werden sie schon seit langem mit Sexualität und Fruchtbarkeit in Verbindung gebracht. Die Fischschwärme, die sich im Ozean tummeln, stehen sinnbildlich für das Gefäß von Liebe und Fülle.

Das traditionelle Werkzeug des Westens ist der Kelch, der Kessel oder ein anderes Gefäß. Dies bedeutet das Geheimnis der Liebe, des Füllens und Leerens, der Fruchtbarkeit, von Herbst und Abend. Wenn das As des Westens in

Die Zahlenkarten 87

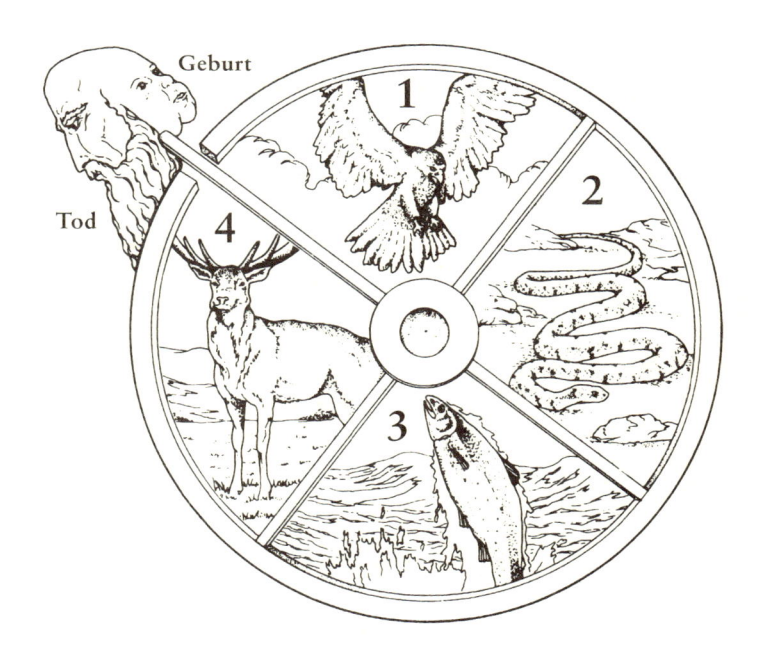

Abb. 6: DAS LEBENSRAD

1 Osten, Leben, Luft, Dämmerung, Frühling, Geburt, Schwert, Vögel
2 Süden, Licht, Feuer, Mittag, Sommer, Erwachsensein, Stab, Schlangen
3 Westen, Liebe, Wasser, Sonnenuntergang, Herbst, Reife, Kelch, Fische
4 Norden, Gesetz, Erde, Nacht, Winter, Alter, Schild, Säugetiere

einem Tarot-Legebild auftaucht, so enthüllt es Liebe – entweder in einem persönlichen Kontext oder in einem tieferen spirituellen Sinn, was von anderen vorhandenen Karten abhängt. Es kann Kreativität, die eigenen Emotionen oder die unbeugsame Stärke und Energiequelle des Gefäßes aus dem Westen anzeigen.

Die Himmelsrichtung Westen wird auch mit Vollkommenheit und vollendeter spiritueller Schau, dem Reich der Glückseligen, in Verbindung gebracht. Das Gefäß kann auch der Gral sein, das Mysterium der spirituellen Erlösung und Erneuerung. Es gibt noch eine weitere Verbindung zur physischen Ebene von Geburt und Tod: der Übergang oder das Tor von einer Welt zur nächsten. Das As des Westens ermöglicht häufig menschliche Fruchtbarkeit und Situationen, die eine fruchtbare Wechselwirkung mit sich bringen.

Das As der Säugetiere

Element: Erde; *Himmelsrichtung:* Norden; *Farbe:* Schilde oder Spiegel; *Macht:* Gesetz; *Schlüsselbegriffe:* Winter, Nacht

Das As der Säugetiere ist der Hirsch, König des Waldes, Herr der vierfüßigen Geschöpfe. Das spirituelle Tier hat eine starke Verbindung zu Merlin, dem Herrn der Tiere; das bezieht sich auf die Zeit seines Wahnsinns im Wald,

Abb. 7: DIE DRACHEN, WELTEN UND BILDER

   I. Mondenwelt (Erstes Rad)
  II. Sonnenwelt (Zweites Rad)
 III. Sternenwelt (Drittes Rad)

Die Zahlenkarten 89

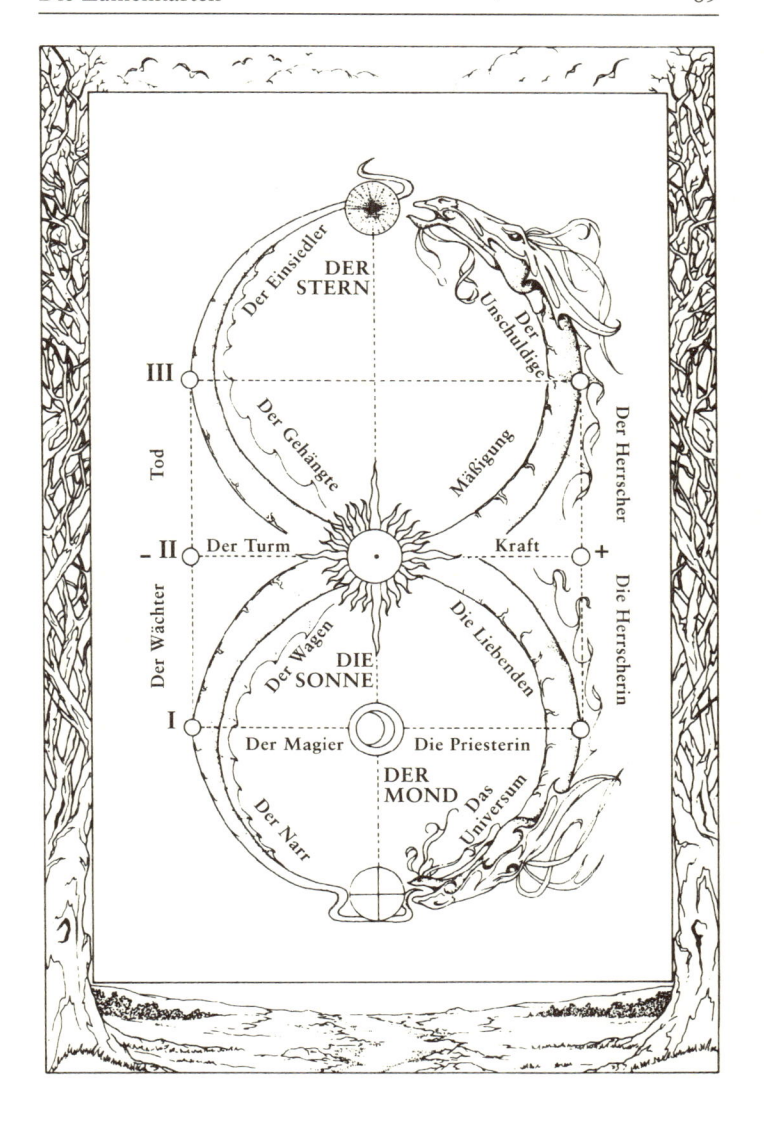

Der Einsiedler
DER STERN
Der Unschuldige

III Der Herrscher

Tod

Der Gehängte   Mäßigung

− II Der Turm   Kraft   +

Der Wächter   Die Herrscherin

Der Wagen   Die Liebenden

DIE SONNE

I

Der Magier   Die Priesterin

DER MOND   Das Universum

Der Narr

als er mit den wilden Tieren lebte. Dieser Naturaspekt des wilden Gottes verwandelt sich auch in die Göttin des Nordens, die Mutter des Landes.

Das traditionell überlieferte Werkzeug der Erde ist der Schild oder Spiegel. Auf unserer Abbildung rahmt das Hirschgeweih einen schwarzen Spiegel ein, der die fünffache Struktur der Merlin-Kosmologie aufweist. In diesem Muster werden die vier Mächte durch eine zentrale fünfte vereint. Darin entdecken wir ein weiteres Muster der Vier-in-Einem (oder Fünf) usw.

Wenn das As der Erde in einem Tarot-Legebild vorkommt, so enthüllt dies formgewordene oder zum Ausdruck gebrachte Macht, die häufig mit äußeren oder materiellen Umständen zu tun hat, in ihrer Tiefe aber mit Gesetz und Weisheit, dem Mysterium von Nacht und Winter. Sie kann daher auf eine Kraft oder Beschränkung hinweisen, die zur Befreiung führt – wie der Winter, der dem Frühling vorausgeht, oder die Weisheit, die im Abschluß liegt, der zu Neuanfängen führt. Im keltischen Kalender ging die Nacht dem Tag und der Winter dem Frühling voraus, und somit begannen alle Zyklen nicht mit der Dämmerung, sondern in der Dunkelheit.

Die höchste Vision des Nordens ist die der Göttin Ariadne (oder Arianrhod in der walisischen Überlieferung, die Herrin des Silberrades). Sie ist die Große Mutter der Sterne, und ihre Macht wird am stärksten in der Nacht oder im Winter empfunden.

Die vier Zweien

Die Zwei der Vögel

Zweifel oder Ungewißheit

Die Farbe der Luft, Himmelsrichtung Osten, entspricht der Macht des Lebens, und es handelt sich bei ihr um eine Farbe der ständigen Bewegung. Die Zwei der Vögel (im Renaissance-Tarot die Zwei der Schwerter) ist ein Ausdruck von Ungewißheit, von rhythmischer Polarität, die bisweilen ihr Muster verändern kann. Sie kann zu ihrem As zurückkehren oder als Schwelle zu einer Drei oder einer anderen Zahl dienen. Im Hinblick auf eine menschliche Situation spiegelt sich oft ein Verlauf darin, dessen Ausgang kaum vorherbestimmbar scheint.

Im Zusammenhang mit dem Zyklus von Norden nach Osten, von der Nacht zur Morgendämmerung, ist die Zwei der Vögel der Zweifel, der sich gerade kurz vor Tagesanbruch, im Augenblick des Hinübergleitens einstellt. Die Furcht, die zu den Luftkarten gehört, ist eine Furcht vor dem Unbekannten, die sich in unterschiedlichen Ausdrucksformen durch alle hindurchzieht.

Wenn wir für unsere ersten Erfahrungen mit den Zahlenkarten ein System von Schlüsselbegriffen verwenden, können wir sie zu den Elementen und dem Lebensbaum in Beziehung setzen. So ist die Zwei der Vögel die Weisheit der Luft: *Zweifel – alles Leben ist ungewiß; alles ist relativ.* Die Macht der Luft ist häufig ein Einfluß, der uns zusammenbrechen läßt und zu jener schrecklichen Freiheit führt, wo uns alle bekannten Strukturen, alle Sicherheiten weggeblasen werden.

Die Zwei der Schlangen

Wahl

Bei dieser Zwei finden wir Willenskraft – sie versinnbildlicht die Polaritäten von Entweder/Oder, Positiv/Negativ, Ja/Nein. Im Renaissance-Tarot entspricht diese Karte der Zwei der Stäbe; sie stellt die beiden Möglichkeiten jeder Wahl oder Entscheidung, jeder abwägenden oder polarisierenden Situation dar. Diese sollten nicht als widerstreitende Kräfte, sondern als sich wechselseitig verbindende, relative Gegenpole verstanden werden, von denen jeder den anderen bestimmt und überhaupt erst ermöglicht. Die Wahl zwischen ihnen ist ein Willensakt, den Schritt von einer Seite zur anderen, von einer Welt zur nächsten zu machen. Hier strahlt das As, der Urdrache des Lichtes und Feuers, der dem Stab Macht verleiht, zum ersten Mal in die Polarität von Gegensätzen aus. Tore und Schwellen haben nicht nur eine rechte und linke, sondern auch eine innere und äußere Seite. Die innere ist das As, die äußere die Drei und die nachfolgenden Zahlen.

In Lebenssituationen zeigt diese Karte an, daß eine Wahl getroffen werden kann. In unserem Fortschreiten um den Zyklus der Zweien nähern wir uns nun der Erfüllung: Veränderung, die Zusammenbruch und Erneuerung/Zweifel oder Ungewißheit über der Richtung der neu inspirierten Energien/Wahlmöglichkeiten einschließt, wird realisiert.

Der Schlüsselsatz für diese Karte kommt aus der Weisheit des Feuers: *Triff eine gute Wahl zwischen rechts und links.* Dunkelheit und Licht sind voneinander abhängig. Mit der Zwei gehen wir von dem Urlicht des Drachen-As des Südens weiter in das polarisierte Licht der äußeren Welt, die Drei. Das eine Licht ist Dunkelheit für das andere – und ist doch Licht und könnte ohne Dunkelheit nicht leuchten.

Die Zwei der Fische

Freiheit

Dies ist die freundlichste Zwei, wenn wir einen solchen Begriff verwenden dürfen. Im Renaissance-Tarot ist dies die Zwei der Kelche. Kelche oder Fische, Gefäße oder Lebensformen – die Zwei des Wassers kennzeichnet eine mühelos zu überwindende Schwelle. Wir schwimmen bequem über sie hinweg zur Drei; sie schenkt uns ein Gefühl von Erleichterung und Freiheit. Es gibt hier noch eine weitere Bedeutung für die Emotionen, die mit dem Wasserelement in Verbindung stehen. Im Merlin-Tarot sind Säugetiere ein Hinweis auf den Geist und den physischen Körper, Vögel auf den Geist und das verstandesmäßige Denken, Schlangen oder Drachen auf das innere Feuer des Geistes und die Seele und Fische auf den Geist und die Emotionen. Gesetz, Leben, Licht und Liebe sind allesamt spirituelle Kräfte, doch in der menschlichen Ausdrucksform fließen sie durch Körper, Denken, Seele und Emotionen.

Unser Schlüsselbegriff für die Zwei der Fische ist die Weisheit der Liebe: *Freiheit*. Liebe befreit den Geist und die Seele; sie dient als Tor, durch das wir zur Zahl Drei weitergehen. Sie schenkt auch der Seele die Freiheit, zu ihren spirituellen Ursprüngen zurückzukehren, und mit der so ausgerichteten Liebe gelangen wir im Innern zum As des Wassers: der höchsten Liebe, dem vollkommenen Sein.

Die Zwei der Säugetiere

Veränderung

Im Norden wird das Erdelement häufig als Höhepunkt oder Abschluß eines Zyklus empfunden – ob es sich nun um einen Tag, ein Jahr oder die Dauer eines Lebens handelt. Die Weisheit des Nordens hat jedoch mit Veränderung zu tun, die aus Dunkelheit, Nacht, vollkommener Stille hervorgeht.

Die Zwei der Säugetiere (im Renaissance-Tarot die Zwei der Scheiben oder Schilde) zeigt Veränderung an, die aus dem Potential der Erde, der Himmelsrichtung Norden erwächst (siehe Abb. 6). Dies kann eine Veränderung von beträchtlicher Stärke sein, die als Tor zu größeren Übergängen und Energiebewegungen in einem Zyklus dient – sei es in unserem eigenen Leben oder im Ablauf irgendeiner bedingten Situation. Dies ist das Tor, durch welches sich die Macht des As zu äußerem Ausdruck bewegt, und dies ist auch der Weg unseres Gewahrseins, wenn wir Bewußtsein oder Energie in der Meditation und Visualisierung auf das As richten.

Der Schlüsselsatz für die Zwei der Säugetiere ist die Weisheit der Erde: *Alle Dinge verändern sich.* Selbst innerhalb der scheinbaren Festigkeit der Materie ist Energie von unaufhörlicher Veränderung enthalten.

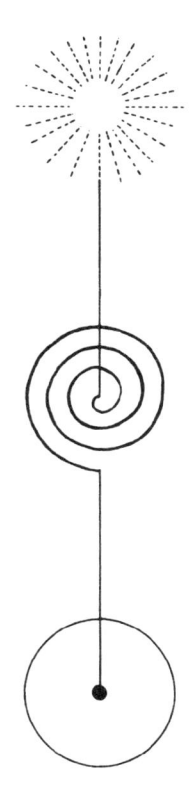

Abb. 8: Kreis, Spirale, Stern:

Die Drei Welten als menschliche Kraftzentren

DIE VIER DREIEN

In der keltischen Überlieferung war häufig ein dreiteiliges Strukturmuster zu finden, da die Drei als eine Kraftzahl angesehen wurde. Dies leitet sich von einer alten dreifachen Weltanschauung ab und ist im Merlin-Tarot sowie im Mythos und in den esoterischen Traditionen des Nordens und Westens in Form der *Drei Welten* bewahrt (siehe Abb. 1, S. 9).

Dreien entsprechen den *Triaden* oder ausgewogenen (versiegelten oder vollendeten) Kraftstrukturen des Lebensbaumes (siehe die Abb. 2 u. 11, S. 11 u. 113). Sie enthüllen auch die Drei Welten von Stern, Sonne und Mond.

Das dreiteilige Muster bildete häufig das Fundament für alte Rituale, Mythos und Magie. Bereits die Verwendung des Wortes »Fundament« führt uns zur neunten Sphäre des Lebensbaumes (3+3+3); sie ist der Angelpunkt des Mondes und seiner Welt, dem Reich der Neunfachen oder Dreifältigen Göttin.

Die Drei der Vögel

Leiden

Luftkarten sind oft »schwierig«, denn zur Macht der Luft gehören veränderliche Winde, ungezähmte Inspiration und Tumult, die Energien von Ekstase und Seelenqual. Es ist ein häufiges Mißverständnis, daß Geist (der Atem des Seins) drastische Veränderungen mit sich bringt und wir leiden, wenn wir uns dieser spirituellen Transformation widersetzen. Das Leiden entsteht aus ungelösten Kräften in uns selbst.

Die Drei der Vögel ist das Verstehen der Luft, *das Leiden der Mutter*. Diese Symbolik hat Anklänge an das Gebären, denn die Geburt entspricht der Bewegung von der Zwei zur Drei; Geburt und Leiden spielen sich jedoch oft auf einer spirituellen Ebene ab, die in das Denken und die Seele hineinreicht. Die höheren Zahlen sind auf physische Manifestation, die niederen auf innere und metaphysische Dimensionen gerichtet, obwohl wir diesen Gedanken nicht allzu wörtlich nehmen sollten.

Das alte Muster dieser Macht, das aus der Wahrsagekunst durch »Vogelschau« stammt, stellt dar, wie zwei sich paarende Vögel oder eine Vogelschar mit einer anderen Vogelart in der Luft kämpfen. Wenn wir die Bewegung von Vögeln im Flug beobachten, so gibt uns dies tiefe Einblicke in die Farbe der Luftkarten. Das gemeinsame Kreisen großer Vogelschwärme beispielsweise, immer noch ein Rätsel für die moderne Wissenschaft, offenbart die Macht der Zehn: Viele zusammen lösen sich plötzlich in einzelne auf und bilden dann wieder eine neue Einheit, die aus vielen besteht.

Die Drei der Schlangen

Absicht

Schlangen und Drachen sind Geschöpfe des Feuers im Süden. In geomantischem oder planetarischem Sinne verkörpern sie das Feuer in der Erde, das Licht des Landes, und auf den Menschen bezogen das innere Feuer und Licht, die spirituelle Kraft, die unserem Körper innewohnt. Die jüngere Generation der Meditierenden neigt leider dazu, die sogen. »höheren Kräfte« vom Körper zu trennen, doch in den ursprünglichen Traditionen existiert eine derartige

Trennung nicht. Daher ist die Schlange oder der Drache ein Geschöpf des Feuers und Lichtes.

Die Kartenfarbe der Schlangen (Stäbe) hat mit Willenskraft und zunehmender Energie zu tun. Die Schlüsselbegriffe für die Drei sind *die Schlangen des Verstehens* oder *verstehendes Feuer*. Hier wird die Ungewißheit der Zwei, wo sich die Polaritäten ständig abwechselten, abgelegt. Durch den festen Vorsatz zu verstehen, das Bestreben, durch etwas hindurchzugehen und es ganz zu erkennen, wird die Zwei zur Drei. Die umgekehrte Richtung besteht darin, wenn wir uns dafür entscheiden, jegliche Absicht und alle bekannten Muster hinter uns zu lassen und uns (vorsätzlich) in die Zwei begeben – den Zustand der Ungewißheit, der die Schwelle zum As hin markiert, den Urdrachen des Feuers und Lichtes.

Drei ist die Zahl der Mutter und die Sechs (3+3 oder 3x2) die Zahl der Sonne und des Lichtkindes. Neun (3+3+3 oder 3x3) ist die Zahl des Mondes und des Eingehens des Geistes in die Materie. Der Zyklus der Dreien schwingt in der Trumpfkarte des Sterns mit, der Zyklus der Sechsen in der Trumpfkarte der Sonne und der Zyklus der Neunen in der Trumpfkarte des Mondes. In diesen Verbindungen ist eine Fülle an Material für die Meditation enthalten.

Die Drei der Fische

Zuneigung

Fische, die Farbe des Westens, des Wassers und der Liebe als eine spirituelle Macht, sind häufig Karten der Emotionen. Sie zeigen den Übergang und die Beziehung zwischen unseren Gefühlen und den tieferen spirituellen Kräften, die aus dem As (Kelch oder Gefäß) hervorströmen, der universellen Macht der Liebe. Wie bereits erwähnt, hält der moderne Mensch den Fisch für einen Kaltblüter, während seine ursprüngliche Bedeutung eine ganz andere ist. Der Fisch im Wasser war ein kraftvolles Symbol für sexuelle Fruchtbarkeit, und der Salm war in der keltischen Überlieferung das Geschöpf der Weisheit.

Im As der Fische sehen wir den Salm, wie er stromaufwärts springt, und den Kelch oder das Gefäß. In der Zwei erkennen wir Freiheit – sich frei bewegen zu können – durch Liebe, die aus dem As strömt. In der Drei entdecken wir das Verstehen des Wassers. Die Zuneigung in unserem Schlüsselbegriff meint keine schwache oder vorübergehende Gefühlsregung, sondern jene unveränderliche und beständige zeitlose Zuneigung, die kraftvoller als persönliche Emotion oder romantische Liebe ist und die nach Befriedigung sucht. Es handelt sich um jene tiefe Zuneigung, wie sie zwischen Mutter und Kind wahrzunehmen ist – einen Zustand bedingungsloser Liebe. In einer anderen Ausdrucksform, die mit der Zeit entsteht, ist dies jene tiefe Zuneigung, die sich zwischen Freunden oder Partnern entwickelt, die gemeinsam Zeit verbracht und viele Erfahrungen miteinander geteilt haben.

Die Drei der Säugetiere

Anstrengung

Die Zahl Drei und das Element Erde bringen die Drei der Säugetiere oder Schilde hervor – eine Karte, in welcher die Veränderlichkeit der Zwei stabilisiert und zeitweise unterbrochen wird. Der Schlüsselsatz ist das Verstehen der Erde: *zum Ausdruck kommende Erkenntnis, Anstrengung*. Die

Anstrengung wird anfänglich unternommen, um über die Wahl der Zwei hinauszugelangen, doch bald wird sie zu der Anstrengung, die Drei zur Vier hin zu öffnen. Dreien im Norden sind Triaden der Macht, die durch manifestierte Formen wirken; in Lebenssituationen weisen sie auf die rechte Anstrengung, die auf ein angemessenes oder sinnvolles Ziel gerichtet ist, hin.

DIE VIER VIEREN

Die Vier der Vögel

Waffenruhe

Die Vier der Luft (Vögel oder Schwerter) besänftigt die Unruhe und durchschneidende Macht des Asses. Mit anderen Worten, sie nimmt das *Leiden* der Drei und vermindert es *aus Erbarmen*. Die Schlüsselbegriffe lauten *barmherzige Luft* oder *Geist des Mitgefühls*.

In Gesellschaften, wo Handwaffen im Nahkampf allgemein üblich waren, war eine merkwürdige archaische Form der Kriegsführung anzutreffen. Dabei versuchten die Kämpfenden nur selten, sich gegenseitig zu vernichten. Die in Stammeskulturen weitverbreiteten Regeln, nach denen kriegerische Situationen ohne Gemetzel gelöst wurden, dienten der zeitweiligen Waffenruhe und Meisterschaft im Kampf.

Eine Waffenruhe ist heutzutage oft eher ein rein politisch-manipulatives Szenario, Teil unseres römischen Kulturerbes: Anstatt nach konstruktiven gesellschaftlichen Lösungen zu suchen, wurde durch äußere Legalisierung die Militärkraft im Innern verdeckt. Eine militärische Waffen-

Die Zahlenkarten 101

Abb. 9: DIE AUSDEHNUNG DER ZAHLEN

ruhe, die früher einmal eine Zeit für weise Beratung, das Aussäen des Getreides oder die Ruhepause vor einem Einzelkampf war, ist zu einem Schleier über verdeckter Aggression geworden.

Die Vier der Vögel hat natürlich viele tiefere und feiner abgestufte Bedeutungen, die über äußeren Konflikt und Waffenruhe hinausgehen. Sie stellt eine *Zeit zum Atemholen* (Luft in den vier Elementen) dar, eine Atempause, in welcher die unruhige und unaufhaltsame Kraft des Asses durch die Zahl Vier für kurze Zeit im Gleichgewicht gehalten wird. Der nächste wichtige Ort oder Zustand des Gleichgewichts ist die Sechs der Vögel. Die Vier der Luft bietet jede der vier Himmelsrichtungen als Tor und eine Waffenruhe an, in welcher der Schauplatz überblickt und eine weitere Entscheidung getroffen werden kann.

In Lebenssituationen ist dies eine wichtige Karte für das Gewahrwerden von vorhandenen Möglichkeiten oder Rhythmen. Wenn wir nicht in der Lage sind, diese wahrzunehmen, können sie allzu leicht entgleiten und sich plötzlich in die Fünf verwandeln.

Die Vier der Schlangen

Großzügigkeit

Die Vier des Feuers (Schlangen oder Stäbe) ist eine Karte des kostenlosen Gebens. Dies ist jene Großzügigkeit, die keine Gegenleistung verlangt. Wenn wir ihr im Leben begegnen, ist es die konstruktive, freigebige Kraft, die uns in jeder Situation hilft. Sie wirkt auf einer physischen Ebene in Form der vier Elemente, welche die Energien in uns aufbauen, ausgleichen und erneuern, und auf einer persönlichen oder emotionalen und geistigen Ebene als das gren-

Die Zahlenkarten

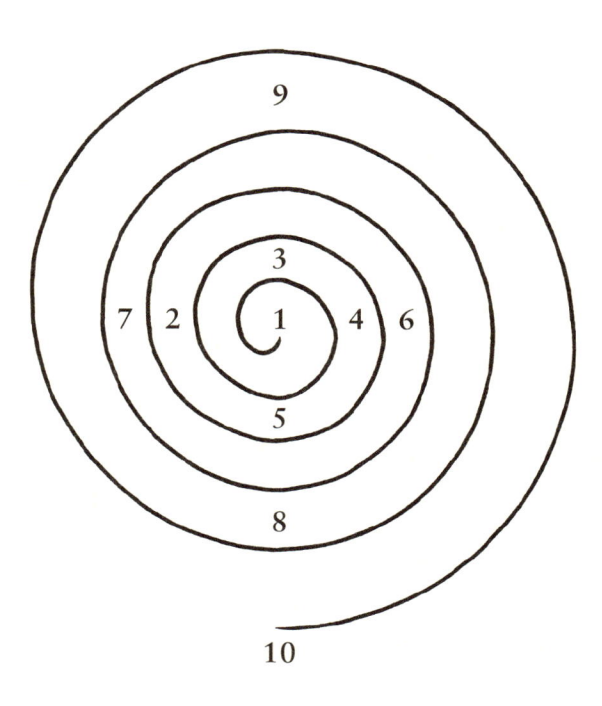

Abb. 10: DIE DREHBEWEGUNG DER ZAHLEN

zenlose Kraftpotential, das wir anzapfen können, wenn wir uns wirklich dazu entschließen.

Ihre Schlüsselbegriffe sind *Feuer des Mitgefühls* oder *barmherziger Drache*. Sie versinnbildlicht jenes Potential des Gebens, das von einer völligen Selbstlosigkeit herrührt – eine tatsächlich vorhandene Energie, die auf die universelle Macht der Gnade, die Götter und Göttinnen des Gebens eingestimmt ist.

Zu dieser barmherzigen Macht beten die Menschen, mittels der Symbole ihrer unterschiedlichen Religionen, wenn sie ein Eingreifen und Wohlwollen vom Schicksal suchen. Doch das Geheimnis der Vier des Feuers lautet, daß es *durch uns* und *aus uns heraus* strömen muß.

Die Vier der Fische

Versprechen

Die Vier des Wassers (Kelche oder Gefäße) ist eine Karte, die für das steht, was manchmal als »höhere Emotionen« bezeichnet wird, obwohl der Gedanke von »höher« und »tiefer« in den alten Weisheitsüberlieferungen keinen Gegensatz oder Dualismus beinhaltet. Ihre Schlüsselbegriffe sind *Versprechen von Barmherzigkeit* oder *schöpferisches Mitgefühl*. Als doppeltes Tor ist die Vier des Wassers (Westen, Abend, Fruchtbarkeit, Geben und Empfangen) die Ausdehnung, das Überfließen der Zuneigung, der wir begegnet sind, als sie durch die Drei strömte.

Ihr Versprechen verheißt spirituelle Barmherzigkeit, eine freigebige Macht, die mitfühlend auf unsere Bedürfnisse eingehen wird. Diese Vorstellung fällt schwer, denn *Bedürfnisse* und *Notwendigkeiten* werden in den Vieren, den Sieben und Neunen häufig miteinander verwechselt. Wenn das, was wir in einer Lebenssituation brauchen, eine vollkommene Aushöhlung, ein Zusammenbruch oder eine verheerende Veränderung ist, dann wird sich dies schließlich ereignen, doch jenseits davon steht das Versprechen von Barmherzigkeit. Viele mitfühlende spirituelle Fähigkeiten werden durch die Vier des Wassers verwirklicht: Heilung, Einfühlungsvermögen, überpersönliche Liebe; Vergebung und das Abnehmen, Wegwaschen oder die Auflösung von seelischen Lasten.

Die Vier der Säugetiere

Zuwachs

Die Vier der Erde (Säugetiere oder Schilde) ist eine Karte des Wachstums. Ihr Schlüsselwort ist *barmherzige Erde*. Sie ist die nächste Tür oder Schwelle nach der Anstrengung der Drei. Vier Tiere bilden die erste wirkliche Vermehrung einer Herde, denn zwei Paare können sich weiter fortpflanzen und entsprechend dem Muster der Polarität, das viele Möglichkeiten in sich birgt, Nachkommen zeugen. Die vierte Sphäre auf dem Lebensbaum ist Barmherzigkeit oder Gnade, der Planet ist Jupiter, und die Gestalten der Götter und Göttinnen besitzen alle die Eigenschaft des *Gebens*. Das Wesen eines Asses oder einer Urkraft wird durch die Vier strömen und sie einstimmen, doch als ein doppeltes Tor (2+2) ist die Vier die größte gebende Kraft, die wir erfahren können. Sie strömt nach außen, in Richtung der wachsenden Ausdrucksform oder in diese hinein.

In menschlichen Verhältnissen ermöglicht die Vier der Säugetiere Wachstum oder Zuwachs in jeder bestehenden Situation, verleiht ihr Macht und erweitert sie. Schlüsselbegriffe für alle Vieren sind *Ausdehnung* oder *Öffnung*, für die Fünfen dagegen *Zusammenziehung* oder *Schließung*. Der kritische Punkt zwischen Vier und Fünf ist das Zahlenmuster unserer gegenwärtigen Situation in der technologischen Gesellschaft des Abendlandes. Wir haben so viel aus der barmherzigen Erde genommen und empfangen, hervorgerufen durch so viele von Habsucht bestimmte Möglichkeiten und Situationen, daß wir nur durch die Kraft der Fünf, die mit Nachdruck nimmt, wieder ins Gleichgewicht kommen können.

Die vier Fünfen

Die Fünf der Vögel

Verlust

Die Fünf der Luft (Vögel oder Schwerter bzw. Pfeile) ist eine Karte der *Bewegung*. Die Macht der Luft, die zur Fünf wird, weht Strukturen und Gegebenheiten fort. Ihre Schlüsselbegriffe sind *der wegnehmende Wind* oder *die Vögel des Verlustes*.

Als Luftkarte steht die Fünf der Vögel häufig mit Verlust oder Verlassenwerden am Anfang einer Situation in Verbindung, kann jedoch auch als machtvoller Einfluß in zusammenbrechenden Strukturen auftauchen. Der Konflikt bei der Fünf der Säugetiere kann zu dem Verlust bei der Fünf der Vögel führen. Trennung und Auflösung von festgefügten Strukturen (Erde) rufen einen rauhen Neubeginn (Luft) hervor. Die Fünf der Vögel ist eine Zahl, bei der wir uns des Neubeginns nicht einmal bewußt sind, sondern nur der Tatsache, daß bekannte Muster oder Situationen (Vieren) durch den wegnehmenden Wind verschwunden sind.

Die Fünf der Schlangen

Vergeltung

Die Fünf des Feuers (Schlangen oder Stäbe) ist eine aktive, das Gleichgewicht wiederherstellende Macht, die dem Wachstum oder Zuwachs der Vier entgegenwirkt. Dies wird durch die Asse des Lebens und Lichtes hervorgerufen, die in die Form der Fünf fließen; hier wird das doppelte Tor durch eine feurige Macht verschlossen, die jede weitere Ausdehnung verzehrt. Die Schlüsselbegriffe hierfür sind *das reinigende Feuer* oder *das flammende Pentagramm*. Jedes Wesen oder jede Energie, die versucht, durch das Feuer zu gehen, wird durch seine verzehrende Flamme wieder ins Gleichgewicht gebracht.

Die Vorstellung der Vergeltung ist kompliziert, sie wird zu oft zu ideologischen Zwecken verwendet. Im reinsten Sinne des Wortes (das aus dem Lateinischen stammt) bedeutet es etwas *zurückerteilen* oder Tribut zurückzahlen – Vergeltung ist die ausgleichende Rückgabe von etwas Gutem oder etwas Schlechtem. Allgemein malen wir uns dies als eine Art Vergeltung oder Strafe für etwas Böses oder einen Verstoß gegen autoritäre Regeln aus, doch dies entspricht nur der oberflächlichsten und am stärksten ideologischen Ebene der Macht der Fünf des Feuers. Auf einer inneren Ebene schließt dies einen Willensakt ein (Feuerkarten bezeichnen häufig schöpferische Kräfte des Bewußtseins und des Willens): Wir *entscheiden* uns bewußt dafür, die Macht des Feuers in der Zahl Fünf anzurufen, um erneut den Ausgleich zu suchen. In diesem Sinne steht Vergeltung in einem therapeutischen Zusammenhang – wie das ausbrennende Feuer, das chirurgische Skalpell, das gesunde innere Feuer, das neue Lebenskraft und Reinigung des Blutes bewirkt.

Die Fünf der Fische

Kummer

Die Fünf des Wassers (Fische, Kelche oder Gefäße) vollendet das Versprechen der Vier. Das fünfte Gefäß leert seinen Inhalt und damit die aufgestaute Energie vom As der Liebe aus. Die Himmelsrichtung Westen wird oft mit Sehnsucht, Kummer und jenem rätselhaften Schmerz um unser verlorenes Paradies oder unsere ursprüngliche Welt in Verbindung gebracht. Die Karte kann persönlichen Kummer in einer unmittelbaren Situation versinnbildlichen, doch häufiger bezeichnet sie den tiefen Kummer der Seele.

Hier lauten die Schlüsselbegriffe *Wegfließen* oder *Ebbe*. Die fünf Fische sind der »Schwarm von Versprechungen«, der in den Ozean entschwindet – das Paradies jenseits des Horizontes. Sie sind keine vagen romantischen Sehnsüchte, sondern echte Verkörperungen unseres Verlustes, unserer Trennung der wahren vollkommenen Welt von der unechten verdorbenen Welt, die wir durch die zunehmende Macht der Materialisierung geschaffen und erbaut haben.

Die Fünf der Säugetiere

Konflikt

Die Fünf der Erde (Säugetiere oder Schilde) zeigt Spannung oder Konflikt an. Sie kennzeichnet das größtmögliche Wachstum der Vier bis zu einem Punkt, wo Rückgang als eine ausgleichende Kraft in Erscheinung treten muß. Der Konflikt kann zwischen gegensätzlichen Kräften oder Interessen herrschen, die jedoch aus der Vier hervorgegangen sind. Fünf ist der Abschluß für das Tor der Vier. Die Schlüsselbegriffe sind *die Härte der Erde* oder *die aufbrechende Erde*. Jeder Gärtner weiß, daß die Erde in gleichem Maße gibt und nimmt: Für kraftvolles Wachstum muß es einen Kreislauf des Welkens, des Verfalls geben. Dies trifft auf das menschliche Leben genauso zu wie auf das Land und den Planeten.

Der Konflikt der Fünf der Erde bezieht sich auf diese Angleichung des Musters, der Energien und Wesen, die das Gleichgewicht eines neuen Zyklus oder eines weiteren Musters sucht. Um dieses zu finden, muß zuerst die alte Struktur zerstört werden. Sie kann zur Vier zurückkehren oder zur Sechs weitergehen.

Wenn wir mit der Fünf, der Macht des Nehmens, arbeiten, so ist dies der Moment, uns an Folgendes zu erinnern: Obwohl eine Vier direkt in einer nutzbringenden Ausdrucksform zu Sechs oder Sieben fließen kann, kann ihr ausgleichender Einfluß in den Neunen oder Zehnen der Luft erkannt werden, die Kräfte völligen Zusammenbruchs darstellen. Fünf ist die Zahl der Menschheit, und wenn wir uns an ihre Macht in uns selbst wenden, auf ihrer eigenen Ebene oder Bewußtseinsstufe, wird es in unserem Leben weniger äußere Mißgeschicke oder strenge Beschränkungen geben.

Die vier Sechsen

Die Sechs der Vögel

Übergang

Die Sechs der Luft (Vögel, Schwerter oder Pfeile) ist eine Karte mit der Neigung, die unruhige und veränderliche Wirkung des Asses der Luft zu mildern. Sechs ist eine harmonisierende Zahl, und die Sechs der Vögel zeigt die Bewegung von einem in den nächsten Zustand, einen ausgewogenen Übergang, an. In der Sechs der Luft ist auch ein Gefühl von Bewegung hin zu einem (heiligen) Zufluchtsort, zu Sicherheit und Festigung enthalten.

Schlüsselbegriffe für diese Karte könnten *schöner Flug* oder *Harmonie der Vögel* sein. Letztere führt uns zu den musikalischen Eigenschaften der Zahl Sechs. Eine Sequenz im Vogellied ist wie der Übergang, die Modulation einer Melodie – Klang als genau umrissene Form. Musik besteht aus Figuren innerhalb von Figuren in elementaren Zyklen, die in unserem Bewußtsein und selbst bis in unseren physischen Körper hinein eine Schwingungsresonanz auslösen. In einem eher begrenzten Rahmen klassischer Musik könnte die Sechs der Luft als Fuge und Variationsmuster gedeutet werden. In Grundtönen oder musikalischen Rufen ist sie der Oberton oder die Obertonreihe, die jedem Klangausdruck zugehörig ist. Die Sechs der Luft ist dort, wo »Chaos« und »Ordnung« einander innewohnend anzutreffen sind – Ströme von harmonisierter Form, Energie und Musik im ganzheitlichen Zusammenhang der Welten.

Die Sechs der Schlangen

Gleichgewicht

Die Sechs des Feuers (Schlangen oder Stäbe) ist eine Zahl der Ausgewogenheit und des Gleichgewichts. Die Schlüsselbegriffe könnten *erleuchtende Schönheit* oder *vollendetes Feuer* lauten. Da Schlangen und Stäbe Werkzeuge des echten Willens oder spirituellen Vorsatzes sind, verkörpert die Sechs diesen Willen und seine feurigen Energien in einem Zustand von ausgewogener Kraft. Dieser ist nicht ruhend oder statisch, sondern in einem solchen Grade energetisierend und aktiv, daß er sich über der Mitte des Seins im völligen Gleichgewicht befindet. Ein Grundmodell hierfür ist der Kreisel oder das Gyroskop. Wir könnten uns die Sechs wie ein Rad mit sechs Speichen oder als eine schwingende Kraftkugel in vollkommener Ausrichtung vorstellen.

Die Sonnenkraft ist in ähnlicher Weise schöpferisch und zerstörerisch. Gleichgewicht (die Sechs des Feuers) ist das Grundmuster des Sonnensystems, der Planeten, Umlaufbahnen und ihrer Beziehungen. In einem mystischen Sinn entspricht dies dem harmonisierenden und erlösenden Willen des Sohnes oder der Tochter des Lichtes, der das Leben für alle Wesen im Gesamtzusammenhang der Sonnenwelt ermöglicht.

Die Sechs der Fische

Freude

Die Sechs des Wassers (Fische, Kelche oder Gefäße) ist eine Karte des Fließens, des Gebens und des Empfangens. Die darin enthaltene Freude ist eine selbstlose Freude, die häufig als die Ekstase der spirituellen Erleuchtung erfahren wird. Als eine Macht des Wassers harmonisiert sie den Fluß des Asses vom Westen und verwandelt seine Macht der Liebe in Schönheit und Miteinanderteilen. Die Schlüsselbegriffe hierfür lauten *singende Harmonie* und *Meer der Schönheit*.

Die Freude der Sechs des Wassers ist eine miteinander geteilte Freude. Dies ist jene Freude der Vereinigung, die mit sexueller Ekstase und mystischer Ekstase einhergeht. Diese beiden Formen der Freude sind aufgrund der strengen religiösen Konditionierung im Abendland zu Unrecht voneinander getrennt worden, doch es handelt sich dabei um die gleiche Freude. Alle spirituellen Kräfte sind sexuell, alle sexuellen Kräfte sind spirituell.

In kreativer Hinsicht ist dies die Freude an der Schöpfung, in der die gebende Macht, der Fluß des Asses, von der Sechs zu einem wunderschönen Muster geformt und harmonisiert wird, das bereitwillig an andere weitergegeben wird, damit sie die darin vorhandene Schönheit wahrnehmen können. In sexueller Hinsicht ist dies jene Freude der Seelen, die miteinander verschmelzen (anstelle von individueller Befriedigung oder selbstsüchtigem Sex) – jene Freude, die zu spiritueller Erkenntnis oder auch zur Inkarnation einer freudigen Seele führen kann.

Die Sechs der Fische enthält viele Einsichten in die Harmonie von spiritueller Sexualität und dem Herbeirufen oder Hineinsingen von Seelen in das Gefäß, das – durch die Neunen – zur physischen Geburt führt.

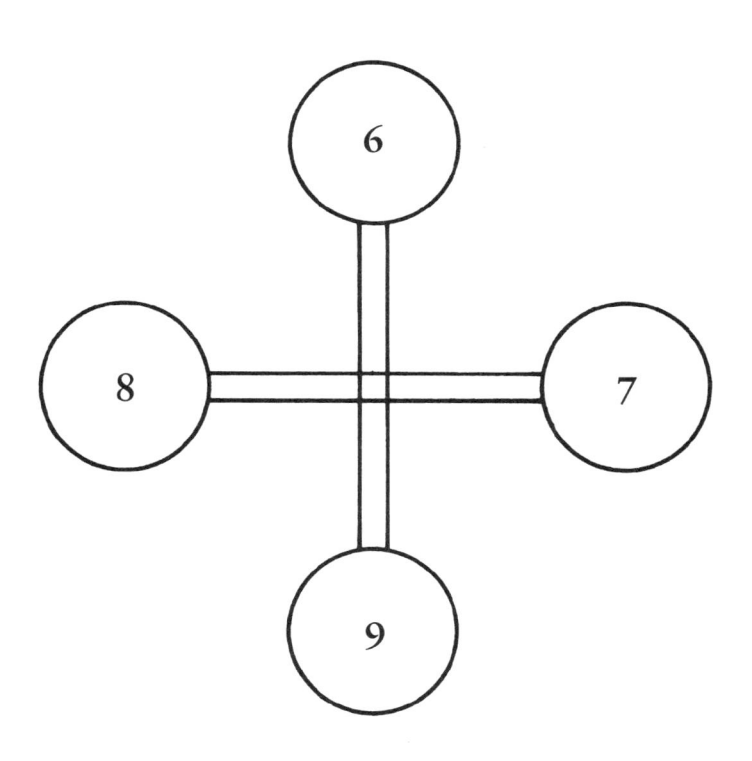

Abb. 11: DIE TRIADEN DER ZAHLEN

Die Sechs der Säugetiere

Nutzen

Die Sechs der Erde (Säugetiere oder Schilde) ist eine nutzbringende Macht. Ihre Schlüsselbegriffe lauten *Harmonie der Erde* oder *schönes Land*. Die Macht der Sechs ist sonnenhaft und zentralisierend, häufig wirkt sie als heilende und erlösende Kraft. Während das As der Erde durch die Zahl Sechs schwingt, überträgt es eine verschönende und segensreiche Kraft auf Situationen, Wesen und Energien.

Die Zahl Sechs kann auch als 3 + 3 verstanden werden – das Hexagramm der Harmonie. Im Element Erde versinnbildlicht die Drei Anstrengung, und in einer doppelten Drei wird diese Anstrengung widergespiegelt oder zurückgestrahlt. Das Hexagramm zeigt die Verschmelzung der Welten: Die Sternen- und die Mondenwelt als Triaden oder ausgewogene Dreiecksformen gehen in der Sonnenwelt auf. Auf diese Weise bringt Anstrengung Nutzen in unseren äußeren Welten – aber nur dann, wenn die inneren Energien ausgeglichen sind.

DIE VIER SIEBEN

Die Sieben der Vögel

Unehrlichkeit

Die Sieben der Luft (Vögel, Schwerter oder Pfeile, Himmelsrichtung Osten) ist oftmals eine Karte des Selbstbetrugs. Der Geist führt Selbstgespräche, und die unruhige

Die Zahlenkarten 115

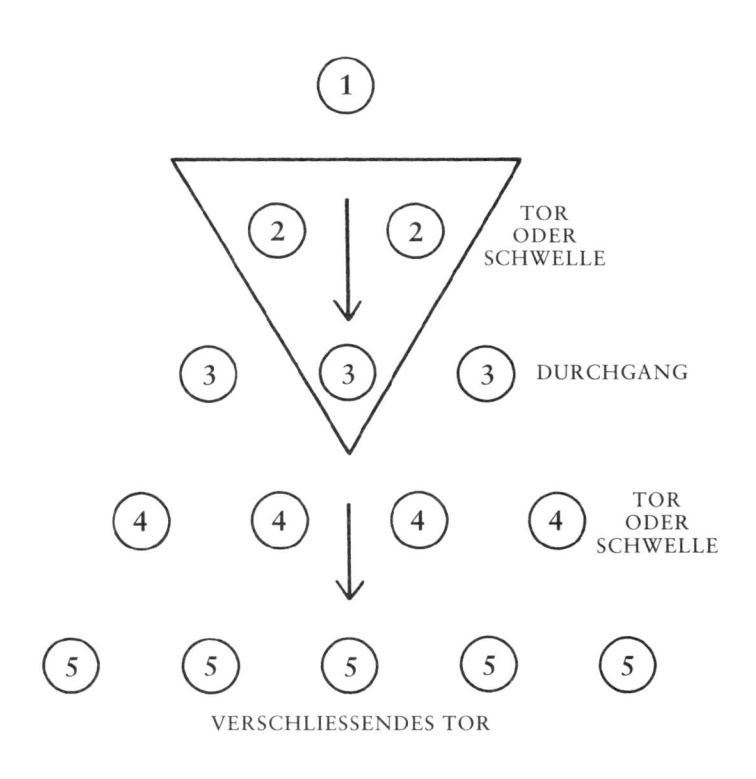

①

② ② TOR
ODER
SCHWELLE

③ ③ ③ DURCHGANG

④ ④ ④ ④ TOR
ODER
SCHWELLE

⑤ ⑤ ⑤ ⑤ ⑤

VERSCHLIESSENDES TOR

Abb. 12: DIE SCHWELLEN DER POLARITÄT

Macht der Luft verzerrt die Emotionen. Im weiteren Sinne ist dies eine Karte von vielschichtiger Bewegung. Sie kann daher vorsätzliche Unehrlichkeit anzeigen, wobei Denken und Wille eine irreführende Situation oder unaufrichtige Emotionen hervorrufen.

Die Schlüsselbegriffe sind hier *ursprünglicher Sieg* und *Erwachen des Gefühls*. Diese kritischen Formen des *Anfangs*, wobei das As der Luft die Zahl Sieben durchfließt, tauchen oft als Gefühlsmuster auf, die sich leicht von Impulsen beeinflussen lassen. Diese sind nicht willentlich oder durch bewußte Entscheidung unehrlich, sondern weil sie wie unter Zwang befolgt werden, ohne darüber nachzudenken oder Aufmerksamkeit (Sieben der Erde) darauf zu verwenden, sie ins Gleichgewicht zu bringen.

Die Unehrlichkeit der Sieben der Luft ist in vielfacher Hinsicht das genaue Gegenteil von Sieben der Erde. Dies zeigt sich am Lebensrad, denn nach der Gnade der Sieben der Erde kommt die potentielle Unehrlichkeit (Versuchung) der Sieben der Luft. Wir müssen immer bedenken, daß wir uns selbst in Versuchung führen – kein äußerer Einfluß kann dies jemals bewirken – und daher stets sowohl für unsere eigenen Versuchungen als auch für unsere Reaktion auf diese verantwortlich sind. Die Sieben sind Karten der Gefühle, der Emotionen, von mächtigen Energien, die dazu neigen, sich selbst in mehr und mehr verzaubernden oder möglicherweise trügerischen Mustern widerzuspiegeln. Der Elementarkreislauf und die Himmelsrichtungen der vier Sieben bewahren jedoch das vollkommene Gleichgewicht und alle notwendigen Kräfte für unsere Rückkehr zur Gnade.

Die Sieben der Schlangen

Fähigkeit

Die Sieben des Feuers (Stäbe oder Schlangen, Himmelsrichtung Süden) läßt die zunehmend stärker eingreifende oder ordnende Willenskraft erkennen. Während diese Kraft in der Sechs spiritueller, schöpferischer Wille oder Vorsatz war, ist sie nun vorwärts gerichtet, um den Vorsatz und die Gefühle miteinander zu vereinigen. Diese Fähigkeit ist nicht von äußeren Umständen abhängig oder erlernt worden, sondern jenes natürliche Gefühl für jede Handlung oder Leistung, das diese zu einem erfolgreichen Abschluß bringt. Es ist das Licht der Fähigkeit im Süden, das zu und von dem Spiegel der Aufmerksamkeit im Norden reflektiert wird.

Die Schlüsselbegriffe heißen hier *siegreiches Feuer* oder *Triumph der Erleuchtung*. Die sieben Stäbe oder Ruten markieren den Heiligen Raum auf einem Grundriß, der Anlage des geweihten Landes oder der geomantischen Zone. Sie stellen die Fähigkeit des menschlichen Bewußtseins dar, Dinge zu bestimmen, wahrzunehmen und Verbindungen zu Elementar-, Planeten- und Sternenkräften herzustellen.

Andere Schlüsselbegriffe für diese Karte sind *feurige Schlange* oder *liebender Drache*. Dieser Aspekt der Sieben des Feuers bezieht sich auf Energien in uns und in dem geweihten Land: auf die menschlichen Emotionen und die ihnen entsprechenden geomantischen Kräfte der in der Erde verborgenen feurigen Energie. Auch hier ist wiederum eine kraftvolle sexuelle Bewegung zur Sieben des Feuers vorhanden; sie kann die sexuelle Fähigkeit aufzeigen, die in Ausgewogenheit und liebevollen Beziehungen des inneren Feuers besteht. Das gleiche Feuer fließt durch das Land (es wird manchmal auch als »grünes Feuer« bezeichnet, ob-

wohl dies nur ein zweckdienliches Symbol ist, da sich die
Farben je nach Ort und Zeit unterscheiden können) und ist
die Entsprechung zur sexuellen Energie, die erweckt wird,
in Beziehung tritt, ins Gleichgewicht gebracht und frucht-
bar gemacht wird.

Die Sieben der Fische

Humor

Die Sieben des Wassers (Kelche, Fische, Himmelsrichtung
Westen) macht sichtbar, wie das As der Liebe durch unsere
Gefühle fließt. Es handelt sich dabei um jenen Sinn für Humor, der spontan und tief ist und ein reines Lachen hervorruft, das frei von persönlich gefärbter Haltung ist. Die
Schlüsselbegriffe hierfür lauten *Stern des Lachens* oder
Triumph des Gefühls. Gelächter ist ein kraftvoller spiritueller Ausdruck – wenn wir wirklich lachen, lassen wir es zu,
daß sich die innere Liebe direkt durch unseren Körper,
durch unsere Stimme manifestiert. Echtes Lachen ist immer
spontan, überraschend und niemals vorsätzlich geplant.

Humor ist das Merkmal einer klaren Seele, da die Sieben
in dem Sinne klar ist, daß sie durch das Element Wasser
unterstützt und gereinigt wird. Die Fähigkeit, Humor in
das Leben anderer Menschen zu bringen, ist eine spirituelle
Gabe. Darunter sollten wir uns jedoch keine boshafte Ko-
mik oder intellektuell verbrämten Witz vorstellen, denn dabei handelt es sich um niedere Aspekte des echten Humors,

Abb. 13: DIE SIEBEN GESCHÖPFE UND DIE
SIEBEN RICHTUNGEN

Die Zahlenkarten 119

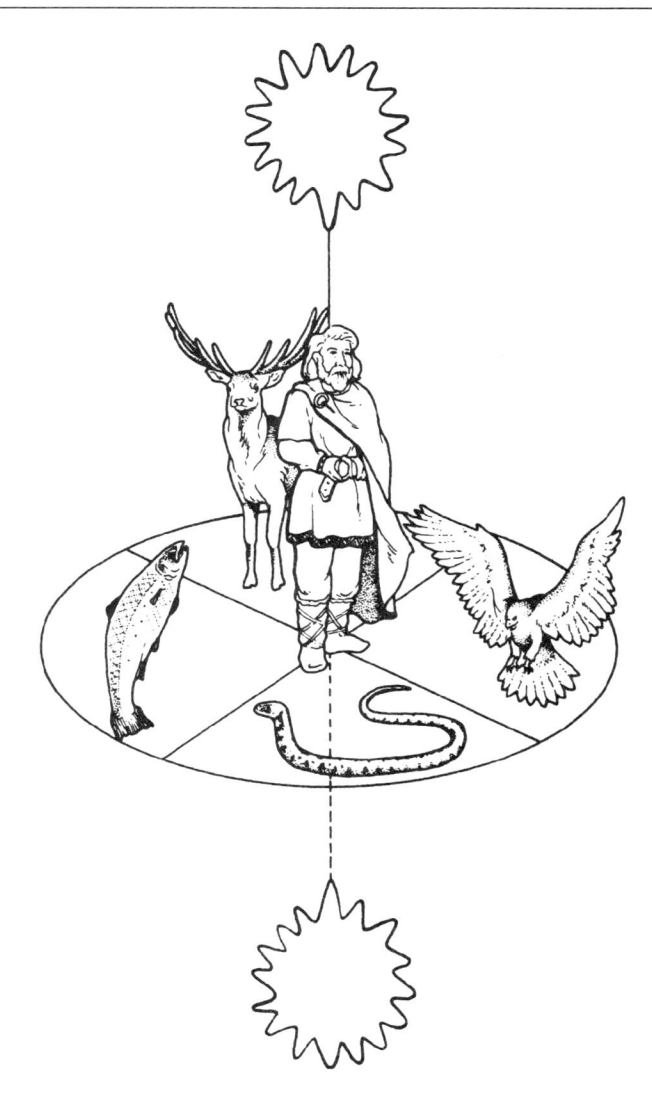

die sich aus vielen vermischten Zahlen oder Elementen zusammensetzen und bei unangenehmen Themen oftmals Unausgewogenheit zeigen.

Die Sieben des Wassers hat auch mit dem sexuellen Lachen zu tun, das ganz von selbst in der Ekstase aufsteigt: Die sieben Kelche oder Fische entsprechen der Vereinigung von Männlichem und Weiblichem und dem Höhepunkt der Energien, wodurch weiteres Leben entsteht. Die Vereinigung kann in Form von zwei sich schneidenden Dreiecken (Sechs) mit einem vollkommenen Zentrum und Samen der Verschmelzung und Erschaffung im Zentrum (Sieben) verstanden werden. Die Sieben garantiert jedoch noch keine Fruchtbarkeit, sondern bildet die energetischen und emotionalen sexuellen Bedingungen, durch die eine Seele zu Eltern hingezogen werden kann. Die weiteren Stufen auf dem Weg zur physischen Geburt befinden sich in den Achten und Neunen.

Bisweilen ist ein Gefühl von Selbsttäuschung in der Sieben des Wassers vorhanden, häufig dort, wo romantische Möglichkeiten und Vorstellungen allzu ernstgenommen oder ohne angemessene Beachtung ihrer Wirkung akzeptiert werden. In diesem Sinne bewegt oder füllt sich die Sieben der Fische oder Kelche hin zur schwankenden Unehrlichkeit der Sieben der Vögel oder Schwerter. Ein humorvolles Herz wird jedoch stets Täuschungen klären, denn bei einem ausgewogenen emotionalen Verhaltensmuster können wir uns selbst nicht ernst nehmen.

Die Sieben der Säugetiere

Aufmerksamkeit

Die Sieben der Erde (Säugetiere, Schilde oder Spiegel, Himmelsrichtung Norden) verkörpert das As, welches die harmonisierten Energien der Sechs durchquert und sich zu Ausdruck oder Manifestation hin ausdehnt. Die Sieben der Säugetiere oder Schilde hat sich über das dreifache Tor der Sechs hinaus bewegt und konzentriert ihre Energien auf den *formgebenden Sieg*. Diese Karte besitzt die Macht des Gestaltens, des Abgrenzens, des Strukturierens in der Bereitschaft und Vorbereitung für einen weiteren Schritt oder mehrere Schritte in Richtung der Zehn. Ihre Schlüsselbegriffe könnten *auf die Erde achten* oder *die Venus widerspiegeln* lauten.

Die Venus ist auch der Morgen- und der Abendstern; sie setzt die Schwellen fest, die zwischen Nacht und Tag überquert werden. Die Aufmerksamkeit auf den Auf- und Untergang der Venus über dem Horizont und auf das An- und Absteigen ihrer Kräfte in uns bringt ein Muster, einen Rhythmus hervor. Die Sieben der Erde hat damit zu tun, den fließenden Energien der Emotionen und der Sexualität, den Anziehungskräften der Natur eine Struktur zu geben. Wenn wir bewußt auf diese Kräfte achten, anstatt uns unbewußt von Gewohnheiten beherrschen zu lassen, die von diesen Kräften geprägt oder uns durch äußere Umstände auferlegt werden, entdecken wir den *Sieg der Erde*, der in seiner höchsten spirituellen Form *Gnade* bedeutet.

Die Sieben der Erde ist jenes Muster des Heiligen Raumes, das zum Leben erweckt wird, wenn wir uns nach Norden wenden. Nach der Überlieferung sind die Schilde, Spiegel, Kristalle oder Linsen der Erde in jeder Himmelsrichtung angeordnet: Oben ist der Spiegel der Nacht; unten ist der Spiegel der Unterwelt. Vor uns im Norden ist der Spiegel des Winters und der Erde, und hinter uns ist der Spiegel des Sommers und des Feuers. Rechts von uns ist der Spiegel des Frühlings und der Luft, und links von uns ist der Spiegel des Herbstes und des Wassers. In uns ist der Spiegel der Wahrheit, des Seins, das As von Gesetz und Freiheit.

Die vier Achten

Die Acht der Vögel

Gefahr

Die Acht der Luft (Vögel, Schwerter, Himmelsrichtung Osten) ist eine Karte der Ungewißheit und potentiell zerstörerischer oder auflösender Energie. Sie verkörpert jene Gefahr, durch die man hindurchgehen kann, auf die man sich aber (sei es als Möglichkeit oder in Wirklichkeit), komme, was da wolle, vorbereiten muß. Als Luftkarte öffnet die Acht den vier Winden die vier Tore, und ihr stürmisches Zusammentreffen löst unsere gewohnten Muster auf.

In der Apokalypse Merlins, die in den *Prophezeiungen* enthalten ist, zieht Ariadne, die göttliche Weberin, die Fäden des Sonnensystems auf und bewirkt damit, daß sich der geordnete Kreislauf der Planeten und Tierkreiszeichen auflöst. Daraufhin zieht sie sich in die ursprüngliche Spalte oder Quelle zurück, aus der die Welten ausströmten, und die vier Winde vereinigen sich mit einem heftigen Stoß, der von den fernen Gestirnen gehört wird. Dies ist die kosmologische Schau der Acht der Luft in der Sternen- und Sonnenwelt.

In der Sonnen- und Mondenwelt werden ihre Wirkungen jedoch durch relative Gesetzmäßigkeiten verändert, denn was für ein Individuum oder eine Gruppe gefährlich sein kann, ist für andere gefahrlos. Geschicklichkeit spielt eine große Rolle bei der relativen Gefahr irgendeiner beliebigen Situation.

Die Schlüsselbegriffe sind *einkreisender Wind, unaufhörliche Veränderung, ruhelose Bewegung*. Die Gefahr kann ebenso von innen wie von außen kommen. Es handelt sich um jene Gefahr, die aus einer unzentrierten Ruhelosigkeit kommt, die grundlos nach unaufhörlicher Veränderung sucht. Unter extremen Umständen kann sie im Individuum oder in der Gruppe als Gewalt hervorbrechen, die eine Gefahr für andere bewirkt. Da Luftkarten mit dem Denken und geistiger Aktivität zu tun haben, kann die Acht der Vögel auch eine Karte geistiger Unruhe, Unausgewogenheit und Verwirrung sein.

Die Acht der Schlangen

Zweckdienlichkeit

Die Acht des Feuers (Stäbe oder Schlangen, Himmelsrichtung Süden) ist das vierfache Muster der Zweien, der Stützpfeiler der vier Tore. Weil die Pfeiler Polarität darstellen, ist die Acht eine Karte des ständigen Energieaustauschs. Sie bewegt sich mit großer Schnelligkeit und wird jegliche Aktivität ergreifen, die notwendig ist, um wieder einen Ausgleich zu schaffen und das geistige Vorhaben zu ermöglichen. Zweckdienlichkeit bedeutet, alle Schritte zu unternehmen, die im Augenblick richtig sind; ihre negativen Möglichkeiten gehen über in Unaufrichtigkeit, Ehrlosigkeit und berechnende Manipulation.

Schlüsselbegriffe für diese Karte sind *Schaffen von Möglichkeiten, Ehre der Stäbe, Weisheit der Schlangen*. Weisheit (Zwei) ist eine höhere Oktave von Ehre (Acht), ebenso wie Verstehen (Drei) eine höhere Oktave von Sieg (Sieben) ist. Während Weisheit und Verstehen jedoch darauf ausgerichtet sind, universelle Polaritäten – der Sternenvater und die Große Mutter – zu sein, sind Sieg und Ehre erfüllt von geschlechtlich polarisierten austauschbaren Wesen. Dabei handelt es sich um die Schwärme potentiellen Lebens, die häufig in Schöpfungsmythen, in esoterischen Lehren und in der mystischen Kosmologie beschrieben werden. Die Acht des Feuers ist eine Karte des *Austauschs*: Die Gefahr der Winde der Luft veranlaßt dazu, ausgleichende, zweckdienliche Maßnahmen zu ergreifen. Alle Feuerkarten, Schlangen und Stäbe haben mit Willenskraft und Absicht zu tun. Auch hier erinnert uns der Schlüsselbegriff für die achte Sphäre, Ehre oder Ruhm, wieder daran, daß die Absicht selbstlos sein muß, damit die Macht der Acht voll und ganz fließen kann.

Die acht Stäbe dieser Karte sind die vier Finger der beiden Hände oder die oberen und unteren Arme und Beine. In der Ausdehnung und Nutzung des menschlichen Knochengerüstes gibt es ein achtfaches Muster, in dem sich das universelle Muster und elementare Sein in menschlicher Form manifestiert.

Die Acht der Fische

Erregung

Die Acht des Wassers (Kelche, Fische, Himmelsrichtung Westen) entspricht einer Macht von fließender Bewegung. Die Schlüsselbegriffe hierfür sind *gestaltender Ruhm* oder

Wasserfall der Energie, der schwimmende Schwarm. Die letzte Wendung benutzt das Bild eines Fischschwarms, der sich unaufhörlich im Kreis dreht und aus seinen lebendigen Bewegungen und entsprechenden Stellungen Muster bildet – ein vollständiges Wesen als Schwarm, doch aus vielen einzelnen aufgeregten Geschöpfen bestehend.

Das Element Wasser strömt durch die Tore und bildet dabei vielschichtige, sich gegenseitig beeinflussende Muster. In Flüssigkeiten sind diese Strömungsmuster von unendlicher Vielfalt und bilden einen Bestandteil der »neuen« Mathematik und Physik, die von Computern entwickelte Modelle und Fraktalsysteme verwenden. Die fließenden dynamischen Muster sind den Elementen zugehörig: Jedes von ihnen enthält in sich die entsprechenden Muster aller vier Elemente.

Die Erregung der Acht des Wassers kann geistig, emotional, sexuell oder ein Zusammenspiel aller drei Erfahrungsebenen sein. Die Acht (Denken, Kommunikation) veranlaßt den Geist, überschäumend vor Möglichkeiten und Ahnungen, ruhelos und erwartungsvoll zu sein. Dies schließt häufig ein, daß das Denken einen Sprung nach vorn macht und einem bestimmten Ereignis, einer Äußerung oder Begegnung entgegensieht.

Da Achten dazu neigen, Karten geistiger Aktivität und Kommunikation zu sein, enthüllen sie oft unsere inneren Reaktionen auf äußere Ereignisse. Die Acht des Wassers, als unendliches Fließen von Möglichkeiten, ist auch eine Karte der Fortpflanzung – wenn auch nicht immer in physischer, sexueller Hinsicht. Sie hat mit den Denkprozessen künstlerischen Schaffens, der Erregung zu tun, eine Arbeit, ein Bild, irgendein Projekt zu gestalten. Dies ist auch eine Karte der Kooperation, des Zusammenfließens vieler potentieller Energien, des Reizes, mit anderen zu arbeiten und verbunden zu sein.

Die Acht der Säugetiere

Geschicklichkeit

Die Acht der Erde (Schilde, Himmelsrichtung Norden) verkörpert die Macht des Asses durch den Geist, der mit der Materie arbeitet. Die Schlüsselbegriffe sind *ruhmreicher Ausdruck* oder *ehrenvoller Geist, irdische Fertigkeiten* oder einfach *Quecksilber*. Die Acht ist 4x2 oder 2+2+2+2. Sie steht daher sinnbildlich für die vier Tore der vier Himmelsrichtungen und bietet die Begriffsbestimmungen oder die Geschicklichkeit, mit ihren Energien und Formen zu arbeiten.

In der Acht der Erde ist noch eine weitere Bedeutung enthalten, denn sie zeigt Manipulation im Sinne von geschickter Handhabung. Diese ehrenhafte Fertigkeit bezieht sich auf die Finger, die Materie bearbeiten. Ihre Umkehrung ist natürlich die unehrenhafte Manipulation zu selbstsüchtigen Zwecken.

In der griechischen Mythologie war Merkur (achte Sphäre) der Erfinder der Leier, eines Saiteninstrumentes mit kosmologischer Bedeutung. Der Mensch hat acht Finger; unsere Daumen sind die ausdrucksstarken Gliedmaßen der Erde, welche den rechten und den linken Pfeiler des Königreiches oder der zehnten Sphäre bilden und ohne welche die Finger nicht arbeiten können. Die acht Finger gehen jedoch in rascher Bewegung und geschickter Handhabung mit Materie, Form, erfinderischen Techniken und Kommunikationsgeräten um. Die acht Finger sind auch die acht Stäbe oder Schlangen bei der Acht des Feuers: Feuer und Erde bilden einander ergänzende Gegensätze oder Widerspiegelungen als Gegenpole.

Die vier Neunen

Die Neun der Vögel

Unglück

Die Neun der Luft (Vögel, Schwerter oder Pfeile, Himmelsrichtung Osten) ist eine Macht des Wegnehmens oder Zerbrechens. Die Acht, Neun und Zehn der Luft sind problematische und unabwendbare Kräfte; sie können ausgeglichen werden, aber man kann sich nicht vor ihnen drücken oder ihnen entkommen. Da Luft sich hier dem Ausdruck nach außen hin nähert, wird sie gefährlicher, komplizierter und schneidend oder versengend.

Die Neun der Luft ist 3 x 3 oder 3 + 3 + 3 – die Mutter der Mütter –, und sie hat solche Schlüsselbegriffe wie *Bringer des Wirbelsturms* oder *Geburt der Sorge*. Diese Karte steht häufig mit Schmerz, mit Geburtswehen oder Todesqualen in Verbindung. Der Schmerz kann physisch, geistig, emotional oder spirituell sein.

Spiritueller Schmerz ist die Sorgende Mutter allen Seins (die dritte Sphäre), physischer Schmerz die Geburt oder der Tod jeder Lebensphase in unserem Organismus. Es handelt sich dabei auch um eine Art von Mutterschaft, ob man nun männlichen oder weiblichen Geschlechts ist. Luftkarten haben häufig mit Therapie und Unausgewogenheit zu tun, und die höheren Zahlen können auf das Auftreten oder Phasen sowohl physischer Erkrankung als auch geistiger und emotionaler Störung hinweisen.

Da es sich bei Luft um ein derart veränderliches Element handelt, ist häufig Überraschung oder Plötzlichkeit mit seinen höheren Zahlen verbunden. Dies ist das Unwetter, das unerwartet losbricht, der Wirbelsturm, der sich aus dem ruhigen Meer erhebt, der plötzliche Unfall. Solche Unglücksfälle stehen mit Durchschneiden und Trennung, mit Verlust und Minderung in Verbindung.

Ein wichtiger Schlüssel zu dieser Karte ist darin zu sehen, daß die Macht der Trennung zu Neuanfängen führt. Inmitten des Sturms, dem Augenblick von Flucht oder Verlust, können wir aber nicht wahrnehmen, wo, wer oder was der Neuanfang sein könnte.

Die anderen Neunen – die Ausdauer der Schlangen, die Erfüllung der Fische und die Mittel der Säugetiere – helfen uns jedoch dabei, über diese Macht nachzudenken und sie zu begreifen. Das Unglück des Ostens wird ausgeglichen bzw. nimmt von der Erfüllung des Westens und fließt zwischen den Mitteln im Norden und der Ausdauer im Süden (siehe Abb. 14).

Die Neun der Schlangen

Ausdauer

Die Neun des Feuers (Schlangen oder Stäbe, Himmelsrichtung Süden) ist der unerschütterliche Wille und feste Vorsatz. Ihre Ausdauer kommt aus der Drei des Feuers (Absicht), die sich in Ausdruck und Manifestation verdreifacht hat. Die Schlüsselbegriffe hierfür lauten *ausdauerndes Feuer* oder *unwandelbares Fundament*.

Die Neun verkörpert die Macht des Feuers und Lichtes auf ihrer letzten Stufe vor der Manifestation. Sie ist die verbindende Kraft, der Vorsatz, in einer Struktur, einer Form, einem Muster zu bleiben. Auf den Menschen bezogen, ist dies die Ausdauer des Willens, mit der wir uns durch alle Mißgeschicke hindurch behaupten. Es existiert noch

Die Zahlenkarten

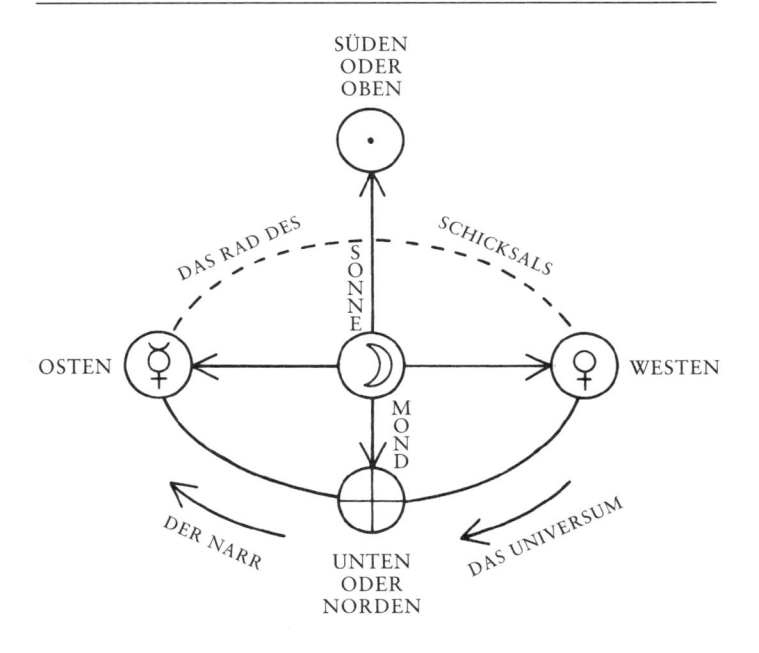

```
                    SÜDEN
                    ODER
                    OBEN
                      ☉
          DAS RAD DES    SCHICKSALS
                   S
                   O
                   N
                   N
                   E
OSTEN  ☿  ←    ☽    →  ♀  WESTEN
                   M
                   O
                   N
                   D
                      ⊕
          DER NARR      DAS UNIVERSUM
                   UNTEN
                   ODER
                   NORDEN
```

Abb. 14: DAS NEUNFACHE KRAFTMUSTER

ein weiterer Aspekt der Vorstellungskraft in der Neun des Feuers, denn sie versinnbildlicht den Willen, der Bilder im inneren Licht erschafft, das Reich der Phantasie, aus dem heraus Träume Gestalt annehmen und sich als äußere Muster ausdrücken. Die Technik der kraftvollen und gelenkten Visualisierung ist ein vollkommenes Beispiel für die Neun des Feuers: Der Wille erzeugt und verstärkt Bilder, während die Bilder uns weitere Kraft geben, unseren Willen zu vervollkommnen. Dies ist jedoch kein geschlossenes System oder auf irgendeine Art und Weise dogmatisch.

Wir sollten uns davor hüten, die Ausdauer der Neun mit Halsstarrigkeit oder Unerbittlichkeit zu verwechseln. Die dreifache Drei ist ein Grundmuster, doch es währt nicht ewig. Ihre Unwandelbarkeit hat häufig mit Regeneration zu tun, denn jede ihrer drei Dreien kann einen weiteren Zyklus neu hervorbringen; zwei beliebige Dreien oder alle drei Dreien werden auf ein Ziel hin wirken – zur Zehn in der einen oder zur Eins in der anderen Richtung.

Manchmal ist ein Gefühl von Last und Verantwortung mit der Neun des Feuers verbunden, wobei wir wissen, daß der Vorsatz uns durch eine schwierige Situation führen wird, und uns das möglichst positive Ergebnis vorstellen. Mit dieser Vorstellung, die auf kreative Weise das innere Licht benutzt, können wir Einfluß auf den Ausgang von Situationen nehmen (die Macht des Stabes). Das »Geheimnis« besteht darin, stets vom As nach außen zu arbeiten und die direkte Macht der Neun oder Zehn nicht ohne tiefere Einsichten in die spirituelle Realität zu suchen.

Die Neun der Fische

Erfüllung

Die Neun des Wassers (Kelche, Fische, Himmelsrichtung Westen) ist eine Karte großen Segens. Sie hat physischen, emotionalen, geistigen und sexuellen Gehalt und kann die Erfüllung einer engen gefühlsmäßigen Verbindung, der sexuellen Vereinigung oder eines langen und produktiven

Lebens bedeuten. Dies ist eine Karte der Fruchtbarkeit, des Erschaffens und der Fortpflanzung. Ihre Schlüsselbegriffe lauten *Quelle des Vollmondes, die gebende Mutter, Wasser des Lebens und der Liebe.*

In sexueller und fruchtbarer Bedeutung kann die Neun des Wassers die Neun des Schoßes sein: die schwangere Mutter zu Beginn ihres neunmonatigen Wartens darauf, Leben zu gebären. Sie ist auch die glückliche Geburt nach dem Schmerz und der Ausdauer der Neunen von Luft und Feuer. Auf einer inneren Ebene bedeutet sie die Vollkommenheit eines reichen Herzens, die Befriedigung und Anerkennung von Gleichgewicht und Erfüllung. In dieser Karte sind starke Grundtöne des Gebens enthalten – die neun Fische schwimmen in einem Meer der Fülle, die neun Kelche ergießen sich und werden immer wieder neu gefüllt.

Bei der Neun des Wassers wird die Verschmelzung von Willen und Vorstellungskraft in der Neun des Feuers fließend und findet äußeren Ausdruck. Sie ist daher die Verwirklichung oder das Ausführen dessen, was wir uns vorgestellt haben. Kraftvolle Visualisierung wird konkrete Wirkungen hervorrufen, obwohl sie manchmal unerwartet sind. Die Erfüllung kommt häufig aus überraschenden Quellen oder Richtungen, und ein Ideal kann sich in unterschiedlichster Gestalt ausdrücken. Die höheren Zahlen tendieren dazu, Formen zu bestimmen, aber auch die Anzahl der Wesen zu vergrößern, durch welche Energie erfahren werden kann.

Die Neun der Säugetiere

Mittel

Die Neun der Erde (Säugetiere oder Schilde, Himmelsrichtung Norden) zeigt, daß Energie sich manifestiert und Vorstellungen Gestalt annehmen. Die Macht des Asses der Erde befähigt hier die Mittel zum Ausdruck. Dies ist der letzte Schritt vor dem physischen Leben und der erste Schritt danach. Die Neun der Erde ist der neunfache innere Körper, der die äußere Form ermöglicht. Wenn die Neun der Säugetiere in Tarot-Legebildern auftaucht, kann sie auf Mittel und Wege hindeuten, die von den subtilsten Energien bis zu einfachen materiellen Methoden für ein gewähltes Ziel reichen.

Schlüsselbegriffe für diese Zahl sind *in der Erde begründet, der neunfache Schoß, Ausdruck des Mondes.* Alle Mittel zur Verwirklichung sind hierin enthalten: Träume, Samen, Lebensmuster, sexuelle Fruchtbarkeit. Diese sind auch Mittel zur spirituellen Wahrheit: innere Geburt, Vision, Weisheitslehren und die Ausrichtung der sexuellen Energie zu höheren Zielen anstelle von physischer Befriedigung oder Fruchtbarkeit.

Als 3x3 ist dies der Körper der Göttin, die Grundlage allen Seins, die Schwellen oder Wegkreuzungen zwischen den Welten. Alle Sphären vereinigen sich in der Neun, dem Fundament. Doch die Erde selbst und die physische Materie im Universum sind der äußere Körper der Göttin, und das Fundament oder die Mondkräfte bilden den feinstofflichen Körper und die Regenerationskraft, die den äußeren Körper sowohl in seiner Erscheinungsform hält als auch wieder daraus löst. Die Bewegung zwischen innen und außen ist konstant und geschieht gleichzeitig.

Die Mondensphäre beruht auf der Triade, die aus Ruhm, Sieg und Fundament gebildet wird. In den Trumpfkarten Das Rad des Schicksals, Das Universum, Der Narr, Die Sonne und Der Mond entdecken wir ein starkes neunfaches Kraftmuster (siehe Abb. 14). Dieses kann in der Meditation nacheinander für jeden Zyklus von Neunen angewendet werden.

DIE VIER ZEHNEN

Die Zehn der Vögel

Katastrophe

Die Zehn der Luft (Vögel, Schwerter, Himmelsrichtung Osten) bedeutet den letzten Schnitt. Sie ist der manifestierte Aufbruch des ganzen Schwarms (d. h. der gemeinschaftlichen Gesamtheit jeden Körpers oder jeder Situation) und der Sturz der zehn Klingen in die Materie. Die Schlüsselbegriffe hierfür würden *zusammenbrechende Form, Abtrennung, der bitterkalte Wind* lauten. In der Zehn manifestiert sich das As der Luft direkt in die Materie hinein und führt zu einer vollständigen Trenung, die jede Form oder Struktur in ihre Bestandteile auflöst.

Vom Menschen wird diese Macht oft als Katastrophe empfunden. Ihr Schwerpunkt liegt auf mentalen und emotionalen Situationen, belastenden Ereignissen im Leben. Natürlich kann sie auch auf materielles Unheil und Naturkatastrophen hinweisen und muß im Zusammenhang mit anderen Karten und der eigentlichen Frage erklärt werden, wenn sie in einem Tarot-Legebild auftaucht.

Als Meditationshilfe unterstützt uns die Zehn der Luft

darin, die Unvermeidlichkeit von Zyklen – von Neuanfängen, die zu Endphasen gehören – zu betrachten und zu begreifen. Die höheren Luftkarten müssen von innen heraus verstanden werden, denn wenn wir sie als äußere Kräfte erfahren, so empfinden wir sie fast immer als feindlich oder unseren augenblicklichen Interessen entgegengesetzt. Wenn wir diese Situation umkehren und ihren inneren Sinn herausfinden können, verschwindet der Gegensatz oder Konflikt, der im wesentlichen in uns selbst liegt.

Die Zehn der Luft ist der Übergang zwischen Nacht und Tag; sie markiert das Ende der dunklen tröstlichen Nacht und den Anbruch eines rauhen Morgens. Häufig ist sie ein Hinweis auf kollektive Auseinandersetzungen und unvereinbare Meinungsverschiedenheiten, wofür die Lösung in der Akzeptanz liegt, anstatt weiterhin Konflikte auszutragen. Akzeptanz bedeutet jedoch nicht Sanftmut und Herabwürdigung, sondern erwächst aus dem Verstehen der Macht der Zehn, aus dem Wissen, daß wir uns *mit* ihr anstatt *gegen* sie bewegen müssen.

Die Zehn der Schlangen

Verantwortung

Die Zehn des Feuers (Schlangen, Stäbe, Himmelsrichtung Süden) ist die gebündelte manifestierte Willenskraft. Dies bedeutet nicht nur Verantwortung für unsere eigenen Handlungen und Absichten, sondern häufig auch für das Leben und die gegenseitige Beeinflussung anderer. Die Zehn des Feuers ist die Wirkung von Absicht, Vorstellungskraft, Wille und Energie in der äußeren Welt, wo wir Verantwortung für unsere eigenen Handlungen nicht vermeiden können und sollten.

Die Zahlenkarten

Die Schlüsselbegriffe lauten hier *Ausdruck der Absicht, offenbarte Macht, Aktion und Reaktion*. Die Zehn des Feuers, der Stäbe oder Schlangen entspricht der komplexen Wechselwirkung des Willens, der sogen. Beziehung zwischen »Ursache und Wirkung«. Wenn unsere Absicht vom As, dem vollkommenen Willen des Lichtes, ausgerichtet wird, kann die Zehn eine wirksame Kraft des Gleichgewichts und der Kontrolle sein. Wenn wir jedoch vom inneren Licht getrennt sind, wird die Zehn des Feuers entweder zu einer Last oder zur scheinbaren Wirkung von Energien und Kräften *auf* uns anstatt *durch* uns. Alles, wofür wir in uns keine Verantwortung übernehmen können oder wollen, scheint von außen auf uns zuzukommen.

Diese Karte ist auch der Erd-Drache in dem Sinne, daß wir gemeinsam und individuell für das heilige Land und den Planeten, für die Kräfte und andere Lebensformen auf und in der Erde Verantwortung tragen. Die Zehn der Schlangen kann die Beziehung zu den feinstofflichen Feuerkräften des Landes darstellen oder – in ihrer Rolle als Gegenpol zur Zehn der Säugetiere – symbolisch für die Arbeit mit dem Land in Form von Werkzeugen, Systemen, Strukturen und Projekten stehen. Sie alle haben etwas von dem Stab an sich, dem Macht verleihenden Werkzeug, und dem Drachen oder der Schlange – der Energie, die sich in einer lebendigen Form ausdrückt, der Macht, die sich um den Stab windet.

Die Zehn der Fische

Freundschaft

Die Zehn des Wassers (Kelche, Fische, Himmelsrichtung Westen) ist eine Macht der kollektiven Liebe. Sie entspricht der ihrem inneren Wesen nach freundlichen Natur unserer gemeinsamen Existenz, unserem Miteinanderteilen, Aufeinanderwirken, Erschaffen und Zusammenleben. Sie kann sich auch auf besondere Freundschaften beziehen, was von der Verbindung mit anderen Karten, beispielsweise den Trumpf- und Hofkarten, abhängt.

Hier würden die Schlüsselbegriffe *großes Teilen, gemeinsame Schöpfung, Kinder der Erde* lauten. Die Karte hat noch eine weitere Bedeutung des gegenseitigen Austauschs, des Hin- und Herfließens, des zwischenmenschlichen Energieaustauschs. Als eine Zehn kann sie sich auch ganz einfach auf die Substanz unserer gewöhnlichen Freundschaften beziehen, enthält in sich jedoch alle anderen Zahlen, beim As oder der Macht universeller Liebe angefangen. Daher kann sie auf jene tiefe spirituelle Freundschaft hinweisen, die sich nach außen manifestiert, jedoch nicht unbedingt romantische Liebe, Sexualität oder andere Energiebereiche einschließt, die mit dem Element Wasser in Verbindung stehen.

Als eine Zehn versinnbildlicht diese Karte auch die grundlegende Fürsorge und Achtung, die wir für unser Land und für alle dort lebenden Geschöpfe haben sollten. Wir alle sind Fische, die gemeinsam in Mutter Erdes Ozean schwimmen, ebenso wie sie durch Mutter Weltall schwimmt – auch wenn uns Feindseligkeit voneinander trennt.

Die Zehn der Säugetiere

Gelegenheit

Die Zehn der Erde (Säugetiere, Schilde, Himmelsrichtung Norden) ist die höchste Erde der Erde. Sie ist der Planetenkörper, unser eigener Körper und jegliche Materie bzw. Energie. Ihre Schlüsselbegriffe könnten *geweihter Körper, heilige Erde, vollkommenes Reich, Mutter Erde, erneuernde Substanz* heißen. Die Zehnen sind Zahlen der Materie, der Stofflichkeit – der höchste Ausdruck aller Zahlen.

Die Zehn der Säugetiere bietet greifbare Gelegenheiten, alle materiellen und spirituellen Möglichkeiten der Welt selbst. Als Erdkarte, die zu dem sichtbar manifestierten Körper gehört, besitzt sie eine interessante Zeitstruktur. Wir werden in diese Welt als winzige Säuglinge hineingeboren, und ein ganzes Leben voller Möglichkeiten liegt vor uns. Wenn unser äußerer physischer Körper jedoch heranwächst und reift, scheinen diese Gelegenheiten meist abzunehmen, und in unserem Lebensmuster werden immer mehr Beschränkungen offensichtlich. Zum Ende eines Lebenszyklus hin fallen die Beschränkungen dann ab, und diese Gelegenheit ist der Augenblick des Todes.

Auf einen einfachen Nenner gebracht zeigt die Zehn Gelegenheiten in jeder Situation an. Sie ist das neunfache Tor plus einer Eins – die letzte Schwelle, die überschritten wird. Alles, was dort ist, ist auch hier, und wir brauchen nur unsere Wahrnehmung zu verändern, um die Gelegenheiten zu entdecken, die Mutter Erde uns anbietet. Häufig liegt eine besondere Betonung auf *materieller* Gelegenheit, wenn diese Karte bei einer Deutung erscheint, was von anderen Faktoren und besonders den Trumpfkarten abhängt.

Die Figuren oder Hofkarten

Einführung in den Großen Hofkreis

Die Hofkarten drehen sich um das Lebensrad und stehen in allgemeiner Beziehung zu den Himmelsrichtungen und Jahreszeiten, wie in Abb. 15 dargestellt. Dies sollte aber nicht wörtlich genommen, sondern als ein poetischer und ganzheitlicher Leitfaden zu den relativen Eigenschaften und Personentypen verstanden werden. Vorausgesetzt, daß Sie nicht den Fehler begehen, Zuordnungen nach einer Faustregel vorzunehmen (jeder im November Geborene muß ein Page der Säugetiere sein, jeder im Juli Geborene ein König der Drachen usw.), kann der Große Hofkreis tiefe Einsichten in Figuren geben, die in Tarot-Legebildern auftauchen.

Da die Beziehungen auf einer inneren Ebene oder in einem ganzheitlichen Zusammenhang und nicht linear aufeinander folgen, habe ich einfach bei der nachfolgenden Anordnung im Norden begonnen und bin um den Kreis gewandert. Wenn eine Hofkarte zum erstenmal auftaucht – Page, Krieger, Königin oder König –, erhalten Sie ein paar allgemeine Informationen. Wir gehen dann zu den Eigenschaften jeder Himmelsrichtung und jedes Elements weiter, wobei wir sie gelegentlich mit ihren ergänzenden Gegenpolen vergleichen (siehe Abb. 15 und 16).

Wie stets beim Tarot, wird es zweckmäßig sein, wenn Sie die Karten vor sich hinlegen, während Sie die Beschreibungen lesen. Außerdem sollten Sie sich bemühen, auf Ihre eigenen Meditationen und Einsichten zu vertrauen, anstatt ständig nur »Deutungen« in einem Buch nachzuschlagen.

FIGUREN DES NORDENS

Der Page der Säugetiere

Erde der Erde, männlich oder weiblich
Schlüsselbegriff: zugänglich

Der Page der Säugetiere oder Schilde ist gewöhnlich ein Kind oder eine jüngere Person. Pagen stellen meistens Personen vor der oder bis zur Pubertät dar, Krieger Personen bis zu einem Alter von etwa 30 Jahren, Königinnen und Könige Personen von 30 Jahren an aufwärts. Diese Zuordnungen sind jedoch sehr flexibel und gänzlich von der inneren Verfassung der betreffenden Person und nicht vom physischen Alter abhängig.

Der Schlüsselbegriff für den Pagen der Säugetiere heißt *zugänglich* sein, da er oder sie zum *ausdrückenden* Element Erde innerhalb von Erde gehört. Dies deutet auf ein Wesen hin, das formbar und entwicklungsfähig sein kann. Pagen der Säugetiere sind in der Regel offene und unkomplizierte Kinder, die den äußeren Umständen und anderen Men-

Abb. 15: DER GROSSE HOFKREIS

Die Figuren oder Hofkarten

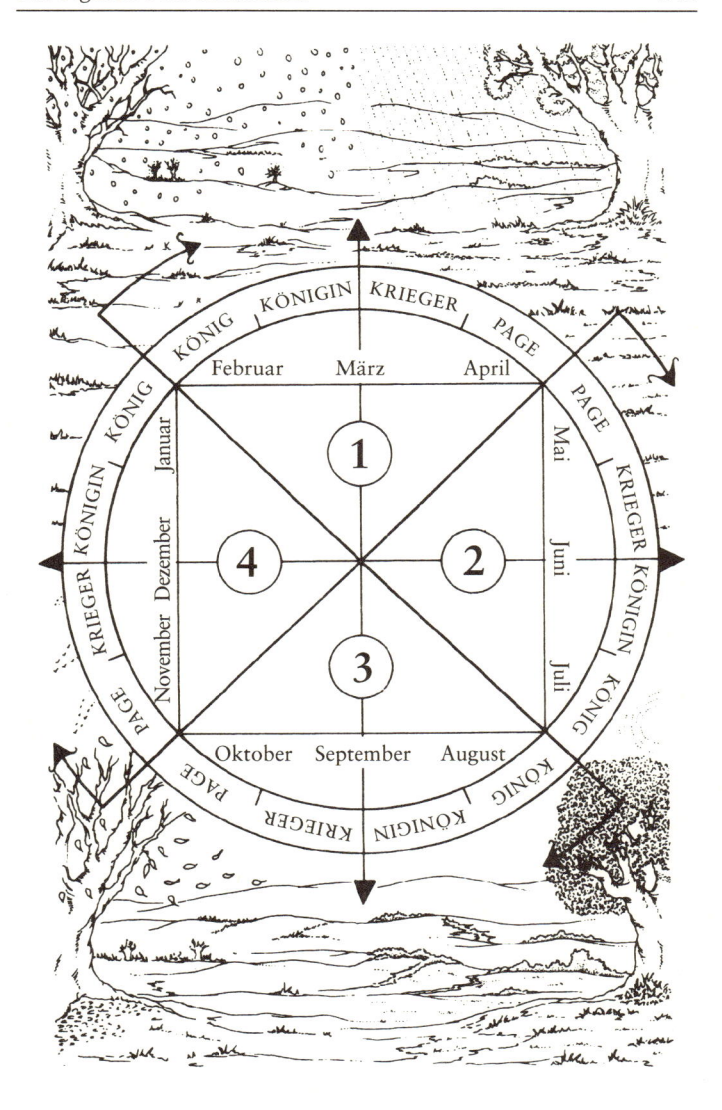

schen in ihrer Umgebung den Spiegel vorhalten. Aufgrund dieser Eigenschaft kann ein Page der Säugetiere oft dem komplizierteren und weniger klaren Erwachsenen auf naive Weise die Wahrheit widerspiegeln. Auf der Karte sehen wir ein bescheidenes Kind, das eine geheimnisvolle Scheibe hält, auf der die Sterne sichtbar sind.

Die Jahreszeit dieses Pagen ist – allgemein gesehen – der späte Herbst und frühe Winter, die Himmelsrichtung Nordnordwest. Dies ist die Grundkraft der Erde nach den Früchten des Herbstes, das Kind des Winters. Diese Jahreszeiten und die Himmelsrichtung bedeuten bloßes Warten, Nahrung, Entwicklung im Schlaf und das Potential der Erde. In der natürlichen Weisheit des Organismus, des empfangsbereiten Ackerbodens, der herabgefallenen Nuß und dem wachsamen Fuchs, die auf der Karte dargestellt sind, ist auch noch ein tieferer Sinn enthalten. Dieser ist nicht bewußt, sondern die dem Individuum angeborene oder innewohnende Macht des Elementes und der Jahreszeit. Für diesen Typus des Pagen wird der kommende Frühling schließlich die Entwicklung zum Status eines Kriegers herbeiführen, die inspirierende und unsichere Zeit sexueller Öffnung und wachsender Bewußtheit.

Wenn die Karte auf ein Kind hinweist, wie dies gewöhnlich der Fall ist, handelt es sich um ein Wesen mit außerordentlich großen Möglichkeiten. Die *Eindrücke* auf und in die *formbare* Seele und den Geist dieses Kindes werden einen großen Einfluß haben, wenn es hinaus in den Frühling tritt. Zum Vergleich könnten wir kurz den Pagen der Vögel, des Luftelementes, betrachten, der eigenwillig, schwierig und nicht besonders zugänglich für die Menschen seiner Umgebung ist oder diese widerspiegelt. Erde und Luft sind »unvereinbare Gegensätze«, während Erde und Feuer »ausgleichende Gegensätze« sind (zu den Polaritäten um und quer durch das Rad siehe Abb. 16).

Die Figuren oder Hofkarten

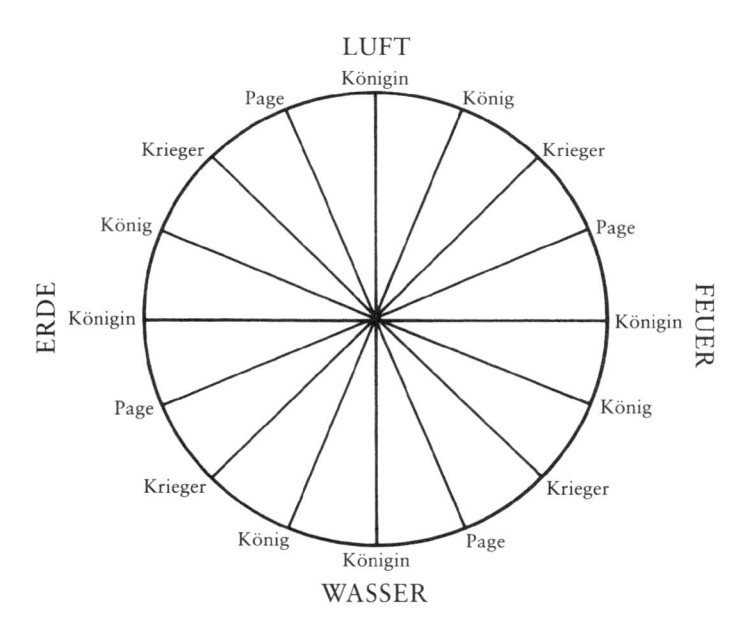

Abb. 16: POLARITÄTEN UM UND QUER DURCH DAS RAD

Der Krieger der Säugetiere

Luft der Erde, männlich oder weiblich
Schlüsselbegriff: ehrgeizig

Im Merlin-Tarot können die Krieger männlich oder weiblich sein, wie es auch Brauch in der alten keltischen Kultur war. Dies ist jedoch keine verfälschte pseudohistorische Ableitung, sondern bezieht sich mehr auf eine innere Beschaffenheit als auf eine tatsächliche Kampfesausbildung oder das Tragen von Waffen. Der Krieger hat in der Regel den Status eines jungen männlichen oder weiblichen Erwachsenen, obwohl er in jedem ein ganzes Leben lang präsent bleiben kann. Es existiert hier eine deutliche Wechselbeziehung zu der Entwicklung von Sexualität und den Stufen des frühen Erwachsenseins, in denen viele Fertigkeiten des inneren und äußeren Lebens erlernt werden, da sich immer mehr kraftvolle Energien durch Körper, Geist und Emotionen manifestieren. Diese Fertigkeiten sorgen für das Gleichgewicht der inneren Energien – und dies ist die Schulung des Kriegers. In diesem tieferen Sinne sind wir alle Krieger, obwohl viele Menschen nur die minimalen, sozial bedingten inneren Fähigkeiten während ihrer Jugend entwickeln und sich danach relativ wenig verändern.

Die Schwelle zwischen dem Status des Kriegers und dem der Königin oder des Königs ist jener undeutliche, aber einflußreiche Kreuzungspunkt im Leben, an dem das Individuum entweder langsamer wird und erstarrt oder weiter wächst und sich entwickelt. Dies kann um das 20. Lebensjahr herum eintreten, und viele Aspekte der Erziehung und sozialen Konditionierung können dazu beitragen, den einzelnen zu diesem Zeitpunkt erstarren zu lassen. Es kann sich auch um Mitte Dreißig ereignen, wenn sich der Mensch

Die Figuren oder Hofkarten

der stereotypen sogen. Schwelle zum mittleren Lebensalter nähert. Beide möglichen Schwellen können von Menschen mit innerer Ausrichtung – durch Meditation, Visualisierung und Weitsicht – erfolgreich überschritten werden.

Der Schlüsselbegriff des Kriegers der Säugetiere oder Schilde ist *ehrgeizig*, denn er gehört zum *erzeugenden* Element Luft innerhalb von Erde. Die Macht der Luft regt das Potential der Erde dazu an, mögliche neue Formen zu verwirklichen. Die ehrgeizigen Ziele des Kriegers der Säugetiere reichen vom Banalsten bis zum Außergewöhnlichsten, was von den Faktoren der Vorstellungskraft und Besonnenheit oder Urteilskraft abhängig ist. Diese Karte stellt einen jungen Mann oder eine junge Frau dar, der oder die Nutzen aus der Veränderung der persönlichen Verhältnisse zu ziehen sucht. Oft korrespondiert damit auch die Tendenz zu harter Arbeit und Anstrengung: Der Krieger der Säugetiere wird sich um ein ausgesuchtes ehrgeiziges Ziel bemühen – fest entschlossen, es zu erreichen.

Die Jahreszeit dieser Figur ist der späte November, und die Himmelsrichtung liegt fast exakt im Norden. Der Krieger tritt aus der großen Schwelle des Novembers hervor, die durch die Plejaden bestimmt wird; dies ist *Samhain*, im modernen Kalender die Nacht vor Allerheiligen oder *Halloween*, ursprünglich ein Ahnenfest. Er oder sie hat die Erfolge, die Ernten gesehen, die in der Welt erzielt werden können, und ist dazu entschlossen, für das kommende Jahr auf eine solche Ernte hinzuarbeiten. Dies ist eine ehrgeizige Person, die Erde und Winter als Zeiten für harte Arbeit und Vorbereitung für die Zukunft begreift und häufig ihre ungeteilte Aufmerksamkeit auf bestimmte Ziele richtet.

Auf der Karte sehen wir einen Krieger, der auf einem sehr großen und schweren Zugpferd reitet, dem Arbeitstier des Landes. Der Krieger scheint klein zu sein, doch das liegt an dem großen Pferd. Das Tier bietet ihm Ausdauer, Stärke und die Verbindung zur Erde – die lebendige Kraft, die das Land bearbeitet. Der ehrgeizige Reiter ist der Geist (Luft), der mit dem Körper (Erde) arbeitet. Bei diesem Personentypus ist häufig der Wunsch nach materiellem Vorteil vorhanden, und seinen Ehrgeiz setzt er gewöhnlich für sich selbst ein, obwohl er auch altruistische Formen annehmen kann. Ursprünglich waren Krieger zum Schutz und Nutzen aller Menschen im Land tätig.

Unser Bild zeigt das frühe Entwicklungsstadium dieses Kriegers der Säugetiere, in dem er noch die letzte Korngarbe bei sich trägt. Das andere spirituelle Tier ist die Maus, die für die Zukunft sorgt, indem sie einen Vorrat aus den Samen der Vergangenheit anlegt.

Die Königin der Säugetiere

Wasser der Erde, weiblich
Schlüsselbegriff: praktisch

Im Merlin-Tarot sind Königinnen weiblich und als Gegenpole gleichberechtigte Partnerinnen der Könige. Die Königin ist im allgemeinen eine reife Frau mit einem physischen Alter von Ende Zwanzig oder Anfang Dreißig aufwärts. Es ist jedoch die *innere* Reife, die eine Königin oder einen König im Unterschied zu der Lebensphase des Kriegers kennzeichnet. Manche Individuen können beide Entwicklungsstufen mehrere Jahre lang erfolgreich miteinander verbinden, während andere einen Konflikt darin feststellen werden, in dem sie zwischen der reifen Phase von König oder Königin und der weniger reifen Phase des Kriegers hin- und herschwanken. Wenn im Tarot eine Frau als Königin auftaucht, so geschieht dies immer nach einer gewissen Lebenserfahrung.

Die Figuren oder Hofkarten

Es muß erwähnt werden, daß der Tarot häufig die richtige Figur oder Hofkarte für uns »auswählt« und daß sie in einer Deutung auftritt, ohne daß wir uns dies vorstellen oder sie erwarten. Daher kann eine bestimmte Person im Laufe eines Lebens als Page, Krieger und dann König oder Königin charakterisiert werden. Die Aufeinanderfolge hält sich nicht immer an dasselbe Element: Jemand, der beispielsweise als Page des Wassers beginnt, kann schließlich als König des Feuers erscheinen. Der Übergang von einem zum anderen Element bzw. von einer zur anderen Himmelsrichtung wird durch die Lebenskräfte (Trumpfkarten) ermöglicht, die während des Lebenszyklus zur Geltung kommen. Dieser kann auch auf grundlegende Weise durch Willen und Absicht ermöglicht und stark unterstützt werden, wenn die betreffende Person direkt mit Übungen und Energien zur inneren Transformation arbeitet.

Die Königin der Säugetiere oder Schilde hat den Schlüsselbegriff *praktisch*, da sie zu dem *formgebenden* Element Wasser innerhalb von Erde gehört. Sie ist dazu fähig, bestimmte Formen aus potentieller Substanz zu gestalten, und sie kann sowohl geben als auch genau abgrenzen. Ihre Macht kommt aus praktischer Weisheit. Auf der menschlichen Ebene sind dies die Lehren und Erfahrungen der reifen Frau. Auf einer inneren Ebene schließt dies auch angewandte Weisheit, die Techniken und Erfahrungen spiritueller Betrachtung ein.

Auf unserer Karte hält sie einen Spiegel, der aus einem grünen Stein besteht: dem Stein der Weisheit. Ihr spirituelles Tier ist der Bär – das Geschöpf des Nordens, der Erde und der ursprünglichen Mutterschaft. Es ist hier als heranwachsendes Bärenjunges dargestellt, das sie beschützt und großzieht. Ihre Himmelsrichtung ist etwas östlich vom Norden, und ihre Jahreszeit liegt zwischen der Wintersonnenwende und (dem alten Datum von) Neujahr.

Auf der tiefsten Ebene wird der Königin der Säugetiere durch Artemis in ihrer Gestalt als Bärenmutter, der Erdmutter, ihre Macht verliehen. Unser Bild zeigt im Hintergrund den Eingang zu einem unterirdischen Höhlentempel oder Hügelgrab.

Der König der Säugetiere

Feuer der Erde, männlich
Schlüsselbegriff: verläßlich

Könige sind im Tarot immer männlich und zeigen reife Männer mit beträchtlicher Macht und Lebenserfahrung. Es gibt in den Hofkarten übrigens kein Werturteil oder hierarchisches Denken – ein König ist einer Königin nicht »überlegen«, obwohl beide größere Lebenserfahrung und Reife als Krieger und Pagen besitzen. Durch ihre weniger festgelegten und spontaneren Energien können Krieger und Pagen den Königen oder Königinnen Wahrheiten enthüllen und sie inspirieren, ermuntern und als Auslöser dienen. Wie in den Abbildungen 6 und 15 dargestellt ist, liegt der Schlüssel immer in einer *Wechselwirkung* und nicht in Hierarchie oder Alter und durch das Geschlecht bestimmte falsche Autorität.

Der König der Säugetiere oder Schilde hat die Himmelsrichtung Nordosten und nähert sich der Hauptschwelle des Jahres, die zwischen Tod und Leben, Winter und dem Anbrechen des Vorfrühlings, Mitternacht und dem Beginn der dunklen Morgenphase eines neuen Tages liegt. Sein Schlüsselbegriff ist *verläßlich*, denn seine Kraft ist die Kraft des Feuers, das zwar in der Erde verborgen, aber wirksam ist. Er ist ein reifer, zuverlässiger und weiser Mann, auf den andere ihre Lasten abladen können und dies auch häufig tun. Er aber hält (auf der Karte wie im Leben) den Spiegel der Elemente hoch und lehrt, daß wir alle Ausgewogenheit und Stärke aus uns selbst heraus erlernen müssen.

Auf einer tieferen Ebene ist der König der Säugetiere der Erdvater des Winters, der Gehörnte. Auf unserem Bild ist er mit Mistelzweigen gekrönt und bekränzt – dem Kraut der geheimnisvollen Opferung und Regeneration, des Todes, der Leben hervorbringt. Daher kann man darauf vertrauen, daß der König in die Mysterien des Todes einweiht, der Leben bringt, des Winters, der zum Frühling führt, der Nacht, die zum Tag wird. Sein spirituelles Tier ist der Dachs – ein Nachttier von erschreckender Stärke, ein intelligentes, der Familie ergebenes Geschöpf, das die miteinander abwechselnden hellen und dunklen Farben von Mitternacht und der ersten Morgendämmerung trägt: Grau, Schwarz und Weiß.

Der König der Säugetiere ist der erste männliche Ahnherr der Erde. Wenn wir in seinen Spiegel blicken, können wir die Verbindung zu unserer eigenen Weisheit der Ahnen herstellen. Nach menschlichen Begriffen ist er der ältere Mann, dem wir oft instinktiv vertrauen, auf den wir uns verlassen und den wir um Hilfe und Rat bitten.

DIE FIGUREN DES OSTENS

Der König der Vögel

Feuer der Luft, männlich
Schlüsselbegriff: streng

Der König der Vögel, Rücken an Rücken mit seinem Rivalen bzw. Partner, dem König der Säugetiere, ist ein reifer Mann. In ihm wird das *schöpferische* Feuer ausgestrahlt durch das *erzeugende*, inspirierende, veränderliche Element Luft. Er wird durch den Schlüsselbegriff *streng* charakterisiert, denn die schneidend scharfe Macht des Schwertes der Luft erreicht in dieser Figur ihre höchste Stufe schöpferischer Beherrschung und Willenskraft.

Die Strenge in diesem König ist eher gerecht als ungerecht, und als Mensch ist er oft mit Angelegenheiten von Recht, Disziplin, bürgerlicher und persönlicher Ordnung beschäftigt. Seine Himmelsrichtung liegt an der Schwelle des Jahres, die mit dem Monat Februar und dem alten *Imbolc*-Fest assoziiert wird. Der König der Vögel oder Schwerter bringt Lebenskraft und Neuanfänge aus der Kälte des Winters hervor und konzentriert in sich die reine und schneidend scharfe Macht einer neuen Klinge. Er kann auch zu jenem Typus des inspirierenden Lehrers gehören, der uns dazu befähigt, den Wert von Strenge und Disziplin in uns selbst zu erkennen, was von geistigen Fähigkeiten bis hin zu spirituellen Künsten reicht. Am allermeisten lehrt er uns, was wir ablegen müssen, indem er uns zu geistigen Höhen führt, jenseits welcher wir nicht mehr an der Vorstellung von einer falschen Individualität festhalten können.

Auf der Karte sehen wir den König der Vögel, der auf einem gläsernen Thron auf einer hohen Bergspitze sitzt. Er trägt das Schwert des Ostens, und sein spirituelles Tier ist der Adler. Als eine tiefere Macht vereinigt er in sich gewisse ursprüngliche Götterformen oder verkörpert vielleicht (wie alle Hofkarten) die Gestalt eines Gottes, aus der später in der Geschichte bekannte Gottheiten voneinander getrennt und unterschieden worden sind. Beispielsweise ist er die königliche Macht der Gerechtigkeit, an die sich der Bittsteller selbst auf eigene Verantwortung wendet. Er stellt auch die Macht des Fliegens und der Verständigung, der Schnelligkeit und Genauigkeit dar. Auf unserem Bild fliegen

Vogelschwärme über eine winterliche Landschaft: Sie sind die Boten des Königs der Luft und künden von rascher Bewegung, dem Beginn der Jahreszeiten und dem Einfluß individueller Gedanken, die das kollektive Bewußtsein umwandeln.

Die Königin der Vögel

Wasser der Luft, weiblich
Schlüsselbegriff: ernsthaft

Die Königin der Vögel oder Schwerter ist eine ältere Frau und in mancher Hinsicht das weibliche Gegenstück des Königs. Ihre *formgebende* Energie, die oft mit den Emotionen in Verbindung gebracht wird, wirkt durch die *erzeugende* Macht der Luft, und daraus ergibt sich eine *ernsthafte* Figur. Sie wird daher Gefühlsausbrüche kritisieren und dazu neigen, das Schwert, ihre geistige Disziplin, zu verwenden, um das Gleichgewicht ihrer eigenen Emotionen zu bewahren.

Auf der Karte hält sie Schwert und Scheide in gleicher auffallender Weise hoch: Ihre formgebende weibliche Energie gleicht das erzeugende Schwert aus. Es gehört zu den Mysterien des Grals, daß Schwert und Scheide niemals voneinander getrennt oder das eine als dem anderen überlegen betrachtet werden sollten. In ihrer tieferen Bedeutung ist die Königin der Vögel die strenge, aber gerechte weibliche Macht, die sowohl geben als auch nehmen kann. Ihre Himmelsrichtung ist der Osten und ihre Jahreszeit der allererste Frühling, wo der Frost die Blattknospen noch dahinraffen kann. Ebenso wie sich der König auf der luftigen Schwelle der Bergspitzen befindet, wo die Höhen zu Licht und Luft emporstreben, sitzt auch die Königin hoch oben auf den

Meeresklippen, wo Luft und Wasser zusammentreffen. Ihre spirituellen Geschöpfe sind Seevögel, und im Vordergrund des Bildes entdecken wir ein Nest mit zwei Eiern darin. Die Königin bewacht mit Schwert und Scheide das potentielle Leben, das im Begriff ist, aus dem Wasser des Eis in die Luft des Frühlings hervorzutreten.

Der Krieger der Vögel

Luft der Luft, männlich oder weiblich
Schlüsselbegriff: kampfbereit

Der Krieger der Vögel oder Schwerter ist ein junger Mann oder eine junge Frau, in dem oder der die *erzeugende* Luft verdoppelt ist, was eine unruhige und veränderliche Wesensart hervorruft. Diese Person ist enthusiastisch, äußerst aktiv, stets in Eile und oft streitlustig. Er oder sie kann vom Strom der inneren Energie hin und hergetrieben werden, von einem Ziel der Begeisterung zum nächsten stürmen und ist dazu bereit, Ideale und Überzeugungen zu verteidigen und für sie zu kämpfen.

Der Schlüsselbegriff lautet hier *kampfbereit*, und die Kampflust kann entweder nach außen gerichtet werden oder als innerer Konflikt bestehenbleiben. Die Jahreszeit ist der Frühling und die Himmelsrichtung der genaue Osten. Auf der Karte sehen wir den Krieger – einen jungen Mann oder ein junges Mädchen – auf einem feurigen weißen Pferd ohne Zügel reiten, obwohl Zügel vorhanden sind. Der Krieger spannt einen Bogen und schießt, während er weitergaloppiert. Das spirituelle Tier ist eine Schwalbe oder ein Mauersegler, dessen Kennzeichen Sturzflüge und schrille Rufe sind.

Auf einer tieferen Ebene ist dies der androgyne Gott des

Anfangs, der aufsteigenden Energien, intensiven Gefühle und kraftvollen Vorstellungen. Es kann sich auch um den jungen Gott oder die Göttin der Krieger handeln, die reitet, um Unausgewogenheiten wieder auszugleichen. Eine weitere Wechselbeziehung besteht hier zu den jugendlichen Gottheiten Diana oder Apollo, dem Gott und der Göttin der Jagd, des Bogenschießens, der Weissagung, Musik und Heilung.

Der Page der Vögel

Erde der Luft, männlich oder weiblich
Schlüsselbegriff: schwierig

Der Page der Vögel oder Schwerter ist ein Kind oder eine jüngere Person, die meistens nicht älter als zwölf Jahre ist. Diese Figur stellt die *ausdrückende* Erde in der *erzeugenden* Luft dar und kann daher innere Konflikte erleben, die nur durch Reife und Erfahrung gelöst werden. Manchmal handelt es sich um ein Kind, das über sein Alter hinaus Weisheit besitzt, aber dem die Mittel oder die Erfahrung fehlen, einen Bezug zu dieser Weisheit herzustellen.

Die Himmelsrichtung ist der Südosten – ein Kind des Frühlings, das dem Sommer entgegengeht. Der Schlüsselbegriff ist *schwierig*, und die schwierige Wesensart kann sich mehrfach auf unterschiedliche Weise äußern. Häufig zeigt sie sich als Starrköpfigkeit in einem Kind von innerer Stärke und Eigensinn. Der Page der Luft kann auch das intelligente Kind sein, das über sein Alter hinaus eine große Auffassungsgabe besitzt und dem weniger intelligente Erwachsene (beispielsweise Schullehrer) keine angemessenen Antworten geben können. Diese Pagen erhalten ihre Inspiration (Luft) häufig durch einen weisen Lehrer, wenn sie das Glück haben, einem solchen zu begegnen. Oft haben sie ein forderndes Wesen und besondere Bedürfnisse.

Unsere Karte zeigt den Pagen, der mit einem großen, bislang noch ungespannten Bogen, einem Köcher voller Pfeile und einem scharfen Dolch bewaffnet ist. Wir erkennen, daß der Bogen sich gerade von seiner/ihrer Schulter löst, was auf Bereitschaft zum Handeln hinweist.

DIE FIGUREN DES SÜDENS

Der Hof des Südens besteht aus Feuerfiguren, Personen mit dem Wesen des Sommers, einem kraftvollen Willen und stark ausstrahlender Energie. Häufig sind die Figuren im Süden aufgrund der Kraft ihres Inneren Feuers von einer Aura charismatischer oder sexueller Ausstrahlung umgeben. In diesem wichtigen Energiebereich müssen wir uns dessen bewußt sein, daß spirituelle Erleuchtung, Charisma und Sexualkraft eins sind und sich von unterschiedlichen Mustern oder Ausrichtungen des Inneren Feuers ableiten. Das Feuerelement wird mit Kreativität in Verbindung gebracht, und Figuren des Südens sind häufig äußerst schöpferische Künstler, denn sie verbinden die innere Kraft mit dem Willen, der Disziplin und Ausgewogenheit des Stabes und des Drachen.

Der Page der Schlangen

Erde des Feuers, männlich oder weiblich
Schlüsselbegriff: fleißig

Der Page der Schlangen oder Stäbe ist ein Kind oder junger Mensch mit vielen potentiellen Fähigkeiten und berstend vor Energie. Die *ausdrückende* Erde in Verbindung mit

Die Figuren oder Hofkarten

dem *schöpferischen* Feuer schenkt diesem Kind Selbstvertrauen und die Bereitschaft zu sehr harter Arbeit, wenn dies nötig ist. Der Schlüsselbegriff ist *fleißig*, und Fleiß und Sorgfalt werden auf jede Arbeit angewendet, von normalen Alltagsaktivitäten bis hin zu schöpferischen Ausdrucksformen.

Die Karte zeigt den Pagen, der im Begriff ist, loszulaufen. Er trägt einen kurzen Stock oder Stab, das Zeichen für den Boten, der eine gewisse Autorität besitzt. Was auch immer diese Person unternimmt, wird auf eine bescheidene und gleichzeitig wirkungsvolle Art und Weise ausgeführt. Das spirituelle Tier ist ein Drachenjunges, das gerade anfängt, seine ersten Flammen auszustoßen und mit seinem Inneren Feuer zu experimentieren.

Die Jahreszeit für diesen Pagen ist der Mai und die Himmelsrichtung Südosten. Der Page steht an der Schwelle zum Sommer, denn der Maitag, der durch die Plejaden und das *Beltane*-Fest geprägt wird, ist der Sommeranfang. Daher ist der Page der Schlangen der junge Gott oder die Göttin des neuen Sommers und dazu bereit, zu den Höhen der hellen Sonne des Südens zu laufen, deren Schein auf die Bergspitzen in unserem Bild fällt. Wir sehen, daß der Page sich bereits im Hochland befindet und gerade im Begriff ist, noch weiter den Berghang hinaufzulaufen, der sich von links nach rechts (von Osten nach Süden) erhebt.

Das Kind des Sommers ist häufig ein Rotschopf, obwohl wir es nicht allzu wörtlich nehmen dürfen, wenn diese Karte in einem Tarot-Legebild auftaucht. Es wird damit auf die feurigen *Eigenschaften* des rothaarigen Jungen oder Mädchens hingewiesen, wenn es sich nicht um eine wirkliche Figur mit roten Haaren handelt. In sehr früher Zeit, die bis in die Megalithkultur zurückreicht, aus der die Kelten vieles von ihrem Wissen über die Gestirne und die Unterwelt übernommen haben, war der Rotschopf ein geweihtes Wesen, das häufig als König oder Königin auserwählt war – doch der Weg zum König oder zur Königin beginnt mit einem Pagen oder einer jungen Seele.

Der Krieger der Schlangen

Luft des Feuers, männlich oder weiblich
Schlüsselbegriff: auffassungsfähig

Der Krieger der Schlangen oder Stäbe belebt und schützt das Land des Sommers. Diese Figur, deren Alter zwischen dreizehn Jahren und Ende Zwanzig liegt, ist voller grenzenloser Vitalität, unaufhörlicher Aktivität und Leistungsfähigkeit. Die *erzeugende* Macht der Luft und das *schöpferische* Feuer verleihen ihm oder ihr intuitive Einsicht, die nicht unbedingt aus Erfahrung, sondern spontan entsteht. Der Schlüsselbegriff lautet hier *auffassungsfähig*, denn der Krieger ist dazu in der Lage, jede Person oder Situation im Innersten zu erkennen.

Auf der Karte reitet der eine Maske (geschlossener Helm) tragende Krieger auf einem kräftigen fuchsfarbenen Pferd – dem Tier der Epona, der Pferdegöttin des Südens. Der Krieger der Schlangen trägt eine lange, an der Seite ruhende Lanze, denn er oder sie weiß instinktiv, wie Aggressionen oder kampflustige Energien im Innern zu beherrschen sind. Die Maske ist ein altes Sinnbild für den Süden, und der Krieger trägt sie deshalb noch, weil er oder sie zwar stark, aber noch unerfahren ist; das innere Licht wird von der äußeren Form verdeckt. Bei Königin und König ist die äußere Maske abgelegt, und das Gesicht läßt das innere Licht erkennen.

Die Himmelsrichtung nähert sich dem genauen Süden; die Jahreszeit ist Ende Mai oder Anfang Juni und führt zur

Sommersonnwende, dem längsten Tag. Das spirituelle Tier ist die Schlange, die den Feuergottheiten, wie Apollo oder der keltischen Brigit, heilig war.

Der Krieger des Südens ist oftmals geschickt darin, Dinge einfacher zu machen, denn er ist dazu fähig, das Wesentliche einer Situation zu erkennen und sie mit dem notwendigen Handeln ins Gleichgewicht zu bringen. Wenn er oder sie die Lanze senkt oder wirft, sind die Folgen dramatisch, doch meistens bevorzugt er/sie, zu vermitteln und die potentielle Kraft lediglich zu zeigen, anstatt sie anderen aufzudrängen.

Die Königin der Schlangen

Wasser des Feuers, weiblich
Schlüsselbegriff: geschickt

Die Königin der Schlangen oder Stäbe ist eine kraftvolle reife Frau, die häufig große sexuelle Attraktivität besitzt. Wir sollten aber den Begriff »sexuelle Attraktivität« vorsichtig verwenden, denn sie hat nicht unbedingt mit stereotyper Reklameschönheit zu tun. Die Königin der Schlangen ist eine Figur des *formgebenden* Wassers und *schöpferischen* Feuers und kann daher eine starke sexuelle Ausstrahlung haben. Die Energien können auch in kreative Arbeit, wie Kunst oder Musik, oder in eine Karriere, eine lebenslange Berufung gelenkt werden, etwas Nützliches oder Wertvolles zu entwickeln, zu unterstützen und ins Leben zu rufen.

Die Himmelsrichtung ist westlich des Südens, gerade jenseits des höchsten Punktes der Sommersonnwende, und die Jahreszeit ist Ende Juni und Anfang Juli. Das Innere Feuer in der Königin ist sehr stark, und die Verbindung ihres feurigen und wäßrigen Wesens kann kraftvoll drängende Impulse hervorrufen. Gewöhnlich ist sie dazu in der Lage, diese mit ihrer Willenskraft und Erfahrung auszugleichen. Der Schlüsselbegriff lautet *geschickt*, denn sie ist die Königin der Stäbe und besitzt die Fähigkeit, Energie weiterzugeben, auszugleichen, zu beherrschen, zu beeinflussen und zu lenken.

Unsere Karte zeigt die Königin, auf einem Schlangenthron sitzend, in dem gebirgigen Hochland, in dessen Richtung wir ursprünglich den Pagen laufen sahen. Hinter ihr befindet sich ein untätiger Vulkan, der jederzeit ausbrechen kann. Ihr Stab ist die Verbindung aus Stock oder Rute und blühender Blume; dies ist traditionell eine violettfarbige Blüte, worin sich die Harmonisierung zwischen formgebenden Mondkräften und schöpferischem Sonnenfeuer zeigt.

In der Hand hält die Königin des Feuers eine winzige Eidechse, die sich im hellen Licht sonnt. Ihr spirituelles Tier ist die Katze. Auf unserer Karte haben sowohl die Katze als auch die Königin rotes, feuerfarbenes Haar.

Der König der Schlangen

Feuer des Feuers, männlich
Schlüsselbegriff: entschlossen

Der König der Schlangen oder Stäbe ist ein reifer Mann, dessen inneres und äußeres Potential gut miteinander harmonieren. Als Feuer des Feuers ist er kraftvoll, schöpferisch und ausgeglichen. Er ist eine Persönlichkeit mit sehr starkem Willen und unerschöpflicher Energie. In seltenen Fällen kann er auch ein spirituelles Wesen mit machtvollen Fähigkeiten sein; wir müssen mit dieser Deutung jedoch immer vorsichtig umgehen, da falsche »Gurus« oft versuchen, sich als Könige des Feuers darzustellen. Der echte König des Sommers zeigt kein anmaßendes Verhalten, sondern nur inneres Licht und Harmonie. In der Regel sucht uns solch eine Person nicht auf, aber wir können sie finden, wenn wir von ihrer Energie angezogen werden.

Die Himmelsrichtung ist westlich des Südens, jene reife Zeit des Sommers, wenn der Juli in den August übergeht. Genau an der Schwelle des Jahresviertels, wo der König Rücken an Rücken mit dem König der Fische sitzt, ist er in der alten keltischen Mythologie *Belenos* und *Lugh*, der Gott des Lichtes, des Feuers und der Kraftorte. Das Augustfest *Lammas* oder *Lugnassad* ist nach diesem benannt.

Die Karte zeigt den König auf einem Drachenthron sitzend am Ufer eines golden glänzenden Sees. Er ist mit einem Drachen und Flammen gekrönt; seine Robe ist golden und hat ein Flammenmuster, das teilweise durch seinen geteilten roten Umhang enthüllt wird. In der rechten Hand hält er einen langen spitzen Stab mit spiralförmig gewundenem Muster, und die linke Hand ist zu einer Geste des Willkommens geöffnet. Sein Gesicht ist, wie bei allen Königen und Königinnen, ohne Maske. Genau neben dem Thron steht ein goldener Dreifuß, und in seinem Becken ist ein Salamander, das legendäre Feuergeschöpf.

Das Schlüsselwort lautet *entschlossen*, da alle Entschlüsse, die der König faßt, ausgewogen und von innen heraus inspiriert oder ermächtigt sind. Er ist dazu fähig, sich ohne Diskussion oder längeres Nachdenken zu rechtem Handeln zu entschließen, und er arbeitet direkt aus innerer Eingebung und schöpferischer Kraft heraus. Auf einem Felsen zu seinen Füßen liegt zusammengerollt eine Schlange, das spirituelle Tier des heiligen Feuers in dem geweihten Körper – ob es sich nun um den menschlichen Körper oder den »Körper« des Landes oder des Planeten handelt.

Die Figuren des Westens

Der Westen ist die Himmelsrichtung des Gefühls, der Liebe und des Wasserelementes. Es ist auch die Himmelsrichtung und die Macht der Fruchtbarkeit in jeder Hinsicht – entweder als geistige Liebe, die das Universum hervorbringt, oder als kollektive oder individuelle Fruchtbarkeit der Mutterschaft. Die Figuren des Westens leben in ihren und durch ihre Emotionen und sind häufig gebende und vergebende Menschen. Auf den höheren Oktaven des Westens wird Gefühl in spirituelle Energie, selbstlose Liebe, Mitgefühl und sogar Aufopferung umgewandelt. Der Hof des Westens hat mit Läuterung, Reinigung, Regeneration, Nahrung und Unterstützung zu tun, und dies sind auch die Wesenseigenschaften der Figuren.

Der Westen ist die Himmelsrichtung der Inseln der Glückseligen oder der Gesegneten Anderwelt, der untergehenden Sonne. Mittels ihrer Empfänglichkeit, ihrer Gefühle, spirituellen Einsichten und Fähigkeiten zur Hingabe können die Figuren des Westens diese Anderwelt häufig betreten. Sie können diese Vision und die Präsenz der geistigen Welt anderen auch mitteilen (die Macht des Kelches).

Der König der Fische

Feuer des Wassers, männlich
Schlüsselbegriff: jovial

Rücken an Rücken mit dem König der Schlangen ist der König der Fische plaziert. Diese beiden Könige des Feuers und des Wassers unterstützen sich gegenseitig und sind Partner auf der Schwelle zum Herbst. Beide arbeiten auf

Die Figuren oder Hofkarten

einem hohen Energieniveau: der eine mit Feuer und Licht, der andere mit Wasser und Liebe.

Der König der Fische oder Kelche ist ein reifer Mann mit sehr großer Lebenserfahrung, und sein Leben hat ihn nicht hart oder verbittert werden lassen. Das *schöpferische* Feuer in ihm ist durch das *formgebende* Wasser, sein Hauptelement, gemäßigt und besänftigt worden. Der Schlüsselbegriff für diese Figur lautet *jovial*, was mehr als bloß gutmütig oder leutselig bedeutet. Der Gott Jupiter (engl. *Jove*) war der allgewaltige Urvater, der gebende Gott, aus dem alle Mildtätigkeit und Güte strömte. Auf dem Lebensbaum (siehe Abb. 2) wird er mit Mitgefühl und Gnade assoziiert, und sein mitleidvolles, freigebiges Wesen ist eines seiner beständigsten Kennzeichen. Als König ist er jedoch dazu in der Lage, dies mit der Macht des Feuers zu mildern, und er läßt sich nicht von seinen freundlichen Gefühlen beherrschen oder hinreißen, wie dies für den Krieger der Fische gilt, dem wir bald begegnen werden.

Die Himmelsrichtung ist westlich des Südens und die Jahreszeit Anfang August; das Thema hat hier mit erster Fruchtbarkeit und dem Beginn der Ernte zu tun. Das Wasserelement legt besondere Betonung auf Gefühl und Emotionen, die Früchte der Kreativität, »Vaterschaft« sowohl im geistigen als auch im materiellen Sinne.

Auf der Karte sehen wir den König an der Meeresküste – dem Reich, wo alle Elemente zusammentreffen und das Wasser vorherrschend ist. Er sitzt auf einem Thron aus Granit, der von den Gezeiten reingewaschen oder zeitweise sogar bedeckt ist, denn um ihn herum und auf ihm haben sich Meeresgeschöpfe niedergelassen. Dies vermittelt uns eine gewisse Einsicht in das Wesen des Königs, denn selbst die höchste Flut, die seinen Thron umspült, wird ihn nicht mit sich fortreißen. Er lächelt, und sein gütiger und mitfühlender Gesichtsausdruck wirkt einladend. In den Händen hält er ein gläsernes Gefäß. Seine spirituellen Tiere sind der Krebs, ein zähes Geschöpf, das sich zwischen Land und Wasser hin- und herbewegt, und der Delphin, das äußerst kluge und freundliche Tier der alten Meeresgötter.

Ganz anders als bei seinem elementaren Gegenpol, dem König der Vögel, dessen Locken ungebändigt im Wind wehen, sind die Haare des Königs der Fische geflochten. Das Flechten des Haares ist eine alte magische Technik, denn dies schließt das Winden oder Versiegeln von Kraft ein. Auf unserem Bild deuten die Haarflechten darauf hin, daß der König es vorzieht, seine volle Kraft aufgrund seines gütigen Wesens zurückzuhalten; doch wenn es ihm beliebt, kann er – wie die Meeresgötter in alter Zeit – Unwetter entfesseln. Nach menschlichen Begriffen ist dies ein Wesen voller verborgener Tiefen (Wasser) und Strömungen, das selten seine wahre Stärke zeigt und durch Milde wirkt, anstatt offensichtlich seinen Willen durchzusetzen.

Auf einer tieferen Ebene können wir diesen König mit bestimmten ursprünglichen Wassergottheiten verbinden, mit der Schnelligkeit und Intelligenz des Delphins, dem Meeresfreund der Menschheit, mit der jovialen oder alles verleihenden Macht und mit der Möglichkeit von heftigen Stürmen.

Die Königin der Fische

Wasser des Wassers, weiblich
Schlüsselbegriff: liebevoll

Die Königin der Fische oder Kelche ist eine reife Frau mit tiefgehenden Kräften der Sexualität und Fruchtbarkeit. Diese können sich in Form von tatsächlicher Mutterschaft oder durch eine kreative Arbeitsweise äußern. Diese Frau

Die Figuren oder Hofkarten

ist häufig verliebt, schenkt anderen freimütig ihr Herz und zeigt jenen ihre Liebeskraft, die mit ihr verbunden sind. Als Mutter ist sie hingebungsvoll und beschützend, als Geliebte schenkt sie Erfüllung, ist aber auch fordernd.

Die *formgebende* Macht des Wassers ist in ihr verdoppelt, und alles in ihrem Leben dreht sich um Nahrung, sexuellen Austausch, Geben und Empfangen, Gefühl und Leidenschaft. Ihr Schlüsselbegriff ist *liebevoll* in jeder Hinsicht. Wenn sie älter wird, kann die sexuelle Seite ihres Wesens vielleicht weniger offenkundig sein, doch ganz verschwindet sie nie. Viele Königinnen des Wassers widmen ihr späteres Leben der Spiritualität. In früheren Kulturen dürften sie zu heiligen oder frommen Frauen geworden sein, welche die körperliche durch die geistige Liebe ersetzten und erkannten, daß sie in Wirklichkeit *eine* Liebe sind. Die ältere Königin der Kelche kann auch zur Mutter einer ausgedehnten Familie werden, im geistigen oder physischen Sinne die Großmutter vieler jüngerer Menschen, die sie alle in gleicher Weise wie ihre Kinder behandelt.

Die Himmelsrichtung dieser Königin ist der genaue Westen und die Jahreszeit die Herbsttagundnachtgleiche mit den großen Fluten. Sie wird auch mit Venus, dem Abendstern, und dem Einfluß der Mondzyklen in Verbindung gebracht. Im allgemeinen sind diese Kräfte in jeder Frau, die durch diese Karte versinnbildlicht wird, stark ausgeprägt.

Auf unserem Bild sehen wir die Königin auf einem riesigen Muschelthron sitzen, der von den Meereswellen umspült wird. Das Wasser scheint nach oben zu fließen und zu ihrem Gewand zu werden, das mit einem Muster aus winzigen Fischen bestickt ist. In ihrem linken Arm geborgen hält sie das Horn, das magische Werkzeug der Fruchtbarkeit, Vitalität, Sexualität und der Anrufung. Ihr spirituelles Tier ist die Robbe, was uns an die alten Überlieferungen erinnert, daß Robben die Meeresbewohner sind, die oft mit dem Feenreich und dem Zaubergesang des Westens assoziiert werden, der Männer in das Unbekannte lockt.

Auf einer tieferen oder mythischen Ebene kann sie, bis zu einem gewissen Grade, mit Aphrodite in der klassischen Mythologie gleichgesetzt werden; aber die Königin der Kelche ist auch eine Meeresmutter und verbindet daher die Eigenschaften des Meeres in einer Gestalt.

Der Krieger der Fische

Luft des Wassers, männlich oder weiblich
Schlüsselbegriff: idealistisch

Der Krieger der Fische oder Kelche ist ein junger Mann oder eine junge Frau voller Träume, Visionen und Erwartungen an das Leben. Die *erzeugende* Macht der Luft regt das *formgebende* Wasserelement an, was dazu führt, daß die Emotionen des Kriegers in hohem Grade entwickelt sind. Der Schlüsselbegriff heißt *idealistisch*: Oft wird ein Ideal die gewöhnliche menschliche Liebe in dieser Person ersetzen. Durch wachsende Erfahrung wird dieser Idealismus häufig abgeschwächt, aber niemals völlig aufgegeben oder verloren.

Die Himmelsrichtung ist nördlich des Westens, nach der Herbsttagundnachtgleiche zum Ende des Septembers und frühen Oktober hin. Auf der Karte sehen wir den jungen Mann oder die junge Frau auf einem weißen Pferd reiten, dem Sinnbild für Idealismus und reine Absichten. Der Krieger hat die Zügel locker gelassen (denn ein Traum wird mehr Kraft verleihen als gesunder Menschenverstand oder Energiekontrolle) und bietet dem Himmel einen Kelch dar. Das Pferd watet stolz durch die hereinflutende See, und obwohl der Krieger einen Schild hat (Symbol für den nahenden Winter im Norden), hält er oder sie ihn nicht hoch und trägt auch keine anderen Waffen. In der Ferne erkennen wir Wale, die aus dem Ozean emportauchen. Diese spirituellen Geschöpfe weisen auf die gewaltige Kraft des Wasserelementes im Innern des Kriegers hin, die meistens verborgen ist, jedoch von Zeit zu Zeit an die Oberfläche kommt, um Luft zu holen.

Der Page der Fische

Erde des Wassers, männlich oder weiblich
Schlüsselbegriff: freundlich

Der Page der Fische oder Kelche ist ein Kind oder ein junger Mensch, wahrscheinlich noch vor der Pubertät. Es handelt sich um ein umgängliches, unbefangenes Kind, das sehr an seinen Eltern hängt und sich mit anderen leicht anfreunden kann (im Gegensatz zu dem Pagen der Vögel, der es schwierig finden mag, Freundschaften zu schließen). Die *ausdrückende* Erde und das *formgebende* Wasser machen diesen Pagen zu einer meist gutmütigen Person, da Wasser und Erde sich hier miteinander verbinden. Der Schlüsselbegriff ist *freundlich*.

Die Himmelsrichtung ist nördlich des Westens und die Jahreszeit im Oktober, vor der Schwelle, die in den Winter hineinführt. Auf unserer Karte wird die spätherbstliche Landschaft durch die Umgebung des Meeres bestimmt, doch die Flut muß noch steigen, denn dieser Page ist die Erde des Wassers. Wieder erblicken wir den Krebs als spirituelles Tier und in der Ferne einen Schwarm Seevögel, die an Land kommen. Der Page hält eine Kupferschale (Venus), aus der ein winziger Fisch springt. Der kleine Fisch ist sein oder ihr persönliches Geschöpf, denn wenn er genährt wird und wachsen darf, wird der Page anfangen, sich um den Hofkreis zu bewegen, und seine Person verändern.

Übersicht über die Figuren oder Hofkarten im Merlin-Tarot

Page (männlich oder weiblich)	Element Erde	Kind
Krieger (männlich oder weiblich)	Element Luft	junger Erwachsener
Königin (weiblich)	Element Wasser	reife Erwachsene
König (männlich)	Element Feuer	reifer Erwachsener

Methoden der Divination, Weitsicht und Einsicht

Bevor wir Beispiele anführen, wie Karten ausgelegt und gedeutet werden, sollten wir jede der drei Anwendungsmöglichkeiten des Tarot kurz betrachten. Dabei handelt es sich um Divination, Weitsicht und Einsicht. Jede dieser Formen kann als Bewußtseinszustand angesehen werden, und jeder Bewußtseinszustand entspricht Funktionen der individuellen Psyche, des kollektiven oder von Generation zu Generation weitergegebenen Bewußtseins sowie der durch Mond, Sonne und Stern bedingten Drei Welten. Die Drei Welten erzeugen und umfassen jegliches Leben und alle Bewußtseins- und Energieaspekte – von materiellen Substanzen bis hin zu metaphysischen Wesenheiten. Auf dieser Grundlage beruht die Weltanschauung des Tarot.

Wir können die im Tarot dargelegte Kosmologie dazu verwenden, um außer einfachen, paarweisen, dreifachen oder anderen Zahlenkombinationen von Bildern (Karten) Legebilder zur Divination, Weitsicht oder Einsicht zu erschaffen. Die Trumpfkarten Mond, Sonne und Stern bestimmen drei Bewußtseinsstufen oder -grade, und dazu gehören die drei Trumpfkarten der Schwellen Schicksal, Gerechtigkeit und Urteil.

Die sogenannte Divination oder »Wahrsagung« kann daher Energien oder Wechselwirkungen auf drei Ebenen widerspiegeln:

1. *Das Rad des Schicksals*: Geschehnisse in der äußeren oder gemeinsam wahrnehmbaren Welt zwischenmenschlicher und umweltbedingter Beziehungen.

2. *Gerechtigkeit*: Geschehnisse in der inneren schöpferischen Welt geistiger Energien.
3. *Urteil*: Geschehnisse in der kosmischen, überirdischen oder Sternenwelt.
Bei der Divination kann diese dritte Form auch kollektives Bewußtsein oder langfristiges zyklisches Geschehen darstellen, das Nationen, Rassen und metaphysische Entwicklungszyklen mit einbezieht.

Divination

Es werden verschiedene Methoden der Divination kurz beschrieben, doch bevor wir sie anwenden, sollten wir einige Eigenschaften oder das Verhalten des Tarot in der tatsächlichen Praxis der Voraussage näher bestimmen.

Tarot kann nicht für uns als Menschen die Wirkung haben, daß es Dinge auf einer kosmischen oder universellen Ebene weissagt. Es hat keinen Zweck, Fragen nach der Existenz des Sonnensystems zu stellen und zu erwarten, daß Tarot-Legebilder darauf eine Antwort geben; solche Fragen haben eher mit metaphysischer oder mystischer Schau als mit bloßer Divination zu tun. Wir können die Trumpfkarten oder Legebilder des Tarot in der Meditation dazu verwenden, unser Verständnis der Realität zu unterstützen, doch dabei geht es nicht um Divination oder Vorhersage, sondern um höhere Bewußtseinsformen.

Je größer der Umfang der Fragestellung ist, desto archetypischer wird das darauf erhaltene symbolische Muster sein. Ein einfaches Beispiel sollte die folgende Vorgehensweise geben: Es hat wenig oder keinen Sinn, die Frage »Wird es Krieg geben?« zu stellen, da Krieg und Konflikt ein fortdauernder Aspekt des menschlichen Leidens in der Außenwelt sind – Kriege sind Ausdruck unserer Unausgewogenheit, die von individuellen bis hin zu kollektiven Energien und Torheiten reicht. Die Antwort auf eine derart allgemeine (sinnlose) Frage werden Karten sein, welche die beteiligten Energien auf eine archetypische und weitgefaßte Art und Weise symbolisch darstellen; es wird schwierig sein, eine bedeutungsvolle zeitbezogene Antwort darauf zu finden.

Für eine genaue Divination sollten wir fragen, ob es einen näher bestimmbaren Konflikt zwischen den einzelnen Parteien in einem ausgewählten Zeitraum geben wird. Nur eine derart abgestimmte und genaue Methode, Fragen zu formulieren, wird detaillierte Antworten hervorbringen. Wir werden zwar einige identische Karten wie bei der unklarer gestellten Frage erhalten, doch in dem Legebild wird es unterstützende Elemente geben, die eine genauere Deutung ermöglichen.

Die voraussagende Kraft des Tarot wirkt nur im Zusammenhang mit Fragen, die Angelegenheiten unterhalb des *Abyssus*, der grundlosen Tiefe, betreffen (siehe Abb. 3). Dieser Abgrund, der physisch die Entfernung zwischen unserem Sonnensystem und jedem anderen System darstellt oder, metaphysisch ausgedrückt, die Entfernung zwischen menschlichem Bewußtsein und göttlichem oder schöpferischem Bewußtsein, ist eines der Paradoxa mystischer Wahrnehmung: Er bildet eine Schranke von scheinbar unüberwindlichen Ausmaßen, und doch sind Wege bekannt, um ihn in jeder Richtung zu überqueren. Die Zukunftsvoraussage gehört nicht zu den Wegen über den Abgrund, obwohl eine höhere Form der Divination, die Prophezeiung, gelegentlich eine Brücke über diesen Abgrund sein kann.

Es gibt noch eine andere Möglichkeit, wie sich die Gesetzmäßigkeit der Divination in Verbindung mit dem Tarot ausdrückt: Mit Hilfe der Karten können sich Einsichten in innere ebenso wie in äußere Geschehnisse bzw. Energien offenbaren, doch tiefere Wahrheiten werden sich nur in der Meditation enthüllen. Die Qualität der Entdeckungen hängt völlig von dem Bewußtsein und der Absicht desjenigen ab, der die Tarotsymbole benutzt. Größere Einsicht oder Wahrheit können Sie eher erlangen, wenn Sie kurze Zeit in rechter Weise meditieren als viele Stunden lang ständig bis zur Ermüdung Karten legen, um die Zukunft zu ergründen.

Weitsicht

Weitsicht wird üblicherweise dann angewendet, wenn es darum geht, Situationen mit einem gewissen Abstand des Beobachters zu überblicken. Gewöhnlich hat dies keine vorhersagende oder divinatorische Funktion. Das Legebild aus Tarotsymbolen wird vielmehr geschaffen, um ein augenblickliches Zusammenspiel von Faktoren oder Energien an einem bekannten Ort näher zu definieren. Ein typisches Beispiel dafür wäre, daß der Tarot-Praktiker allgemeine Informationen über das Befinden eines entfernt lebenden Freundes erhalten möchte. Eine derartige Frage kann durch Symbole beantwortet werden, welche in die materielle, geistige, emotionale und spirituelle Ebene der Situation hineinreichen, die in der Frage festgelegt wird.

Kompliziertere Situationen können durch Weitsicht mittels Tarot-Legebildern überblickt werden, doch oft ist es schwierig, tatsächlich sachliche Antworten auf Fragen zu erhalten, die solche Situationen einschließen. Je vielschichtiger eine Situation ist, beispielsweise durch zahlreiche Personen oder mögliche Wechselwirkungen, desto abstrakter wird die Antwort ausfallen. Dies ist einfach dadurch zu erklären, daß der Tarot immer auf die Wahrheit gerichtet ist. In diesem Zusammenhang kommen wir zu einem der wichtigsten Aspekte des Tarot in Verbindung mit Divination, Weitsicht und Einsicht.

Tarot dringt immer zum wahren Kern einer jeden Frage vor, selbst wenn dies der formulierten Frage widerspricht, die im Denken des Suchers vorherrschend ist. Diese Eigenart kann für Anfänger des Tarot sehr frustrierend sein, wird jedoch mit einiger Übung zu einem unschätzbaren Faktor für denjenigen, der nach dauerhaften Einsichten durch die Arbeit mit Tarotsymbolen sucht. Als allgemeine Regel, die nie außer acht gelassen werden sollte, gilt, daß wir jede Frage so genau wie möglich stellen, aber niemals die Antworten dadurch begrenzen oder erzwingen sollten, daß wir ihnen Bedingungen oder vorgefaßte Meinungen auferlegen. Am Anfang könnte es so scheinen, daß wir durch die genau formulierte Frage solche vorgefaßten Meinungen anziehen; doch die in den Tarotsymbolen enthaltene Tendenz, zum Kern jeder Angelegenheit hingezogen zu werden, wird dieses anfängliche Muster häufig auflösen.

In diesem Zusammenhang wäre es äußerst schwierig, wenn nicht unmöglich, Weitsicht für oberflächliche Angelegenheiten, wie beispielsweise Wirtschafts- oder Militärspionage, anzuwenden. Die Symbolsprache des Tarot bezieht sich eben nicht in direkter Form oder genügend detaillierter Reihenfolge auf solche Angelegenheiten, um irgendwie nützlich zu sein. In persönlichen, geistigen, emotionalen und spirituellen Dingen kann der Tarot jedoch tatsächlich unfehlbare Antworten auf genau umrissene Fragen geben, die mit Weitblick zu tun haben.

Einsicht

Einsicht ist das Ergebnis aus höheren Funktionen des Tarot. Diese stehen durch die disziplinierten Fähigkeiten in Meditation, Visualisierung und Kontemplation in einer Wechselwirkung mit dem menschlichen Bewußtsein. Unsere Beschreibungen der einzelnen Trumpfkarten befassen sich hauptsächlich mit Einblicken in die Symbole und ihre Beziehung zueinander sowie mit tieferen Einsichten in ihre Funktion als ganzheitliches Modell oder Urbild des Universums. Einsicht erwächst aus der über längere Zeit andauernden Arbeit mit dem Tarot, doch die tatsächlichen Augenblicke der Einsicht sind zeitlos.

Die Ergebnisse aus Divination, Weitsicht und Einsicht werden sich beträchtlich voneinander unterscheiden. Dieser Unterschied ist in den sogen. »niederen« Künsten der Divination und Weitsicht offensichtlicher. Je enger wir mit der Welt der zum Ausdruck kommenden Wechselwirkungen (der Alltagswelt) umgehen, desto vielfältiger wird unsere Auswahl an erklärenden Symbolen (Karten in Legebildern) werden. Manche Kartenfolgen sind äußerst klar erkennbar, wenn sie ausgelegt sind, während andere längere meditative Betrachtung erfordern mögen. Die Kunstfertigkeit wird durch regelmäßige Meditation über die Trumpfkarten als solche sehr verstärkt und beschleunigt. Je oberflächlicher die Beziehung des Tarot-Benutzers zu den Symbolen ist, desto zielloser und chaotischer werden sie bei all seinen Versuchen erscheinen, ein bedeutungsvolles Legemuster für jeden gewählten Zweck zu erschaffen.

Jemand mit Erfahrung in Meditation und Tarot wird mit einer sehr kleinen Anzahl von Karten genaue Legebilder zur Divination und Weitsicht entwickeln können. Viele durch andere Veröffentlichungen bekanntgewordene Methoden empfehlen umfangreiche Kartenserien, doch diese sind nicht notwendig. Unsere Grundmethode *Die Drei Strahlen*, die im nächsten Kapitel kurz umrissen wird, kann mit nicht mehr als vier Karten angewendet werden, obwohl sie sich auch auf sieben oder zwölf erweitern läßt, falls dies erforderlich ist.

Erschaffen von Tarotmustern

Die gesamte Thematik des zufälligen Auswählens, Mischens und Auslegens steht im Mittelpunkt der niederen Künste des Tarot und kann unter gewissen Umständen auch in die höheren Künste hineinreichen. Wir können die niederen und die höheren Künste folgendermaßen aufschlüsseln:

Niedere Künste: 1. Divination oder Zukunftsvoraussage; 2. Weitsicht; 3. persönliche Einsicht.
Höhere Künste: 4. Meditation; 5. Visualisierung; 6. Kontemplation; 7. Erschaffen von Mustern und Geschichtenerzählen.

Diese Definition umfaßt sieben Künste, die alle in der höchsten Kunst, dem Erschaffen von Mustern und Geschichtenerzählen, eingeschlossen sind.

Um eine brauchbare Beziehung zwischen uns und dem Tarot herzustellen, sollten wir zunächst den tatsächlichen Vorgang des Mischens und Auslegens der Karten untersuchen und darüber nachdenken, denn dieser besitzt einen Symbolgehalt, der häufig nicht beachtet oder für nebensächlich gehalten wird. Wenn wir ein Tarotdeck aufs Geratewohl mischen, *lösen wir das Universum auf*. Umgekehrt, wenn wir ein Muster auslegen, nachdem wir die Karten nach Belieben gemischt und ausgewählt haben, er-

schaffen wir das Universum. Im Zustand der Ruhe entspricht das Kartendeck dem Potential des Universums. Dies ist ein wichtiger Gedanke und Grundlage des Tarot entweder in Form von symbolischen Darstellungen oder inneren Bildern innerhalb einer mystischen Tradition; er bleibt jedoch häufig unbeachtet und wird überdies durch verschiedene Theorien über »statistische Wechselbeziehungen« oder »zeitweilige Aufhebung« eher überlagert. Tarot-Legebilder sind in erster Linie *magische Rituale* und keine Versuche, Serien von bedeutungsvollen Symbolen, die zufällig in einer bestimmten Reihenfolge erschienen sind, aus ihrem Zusammenhang zu lösen.

Mit anderen Worten, wichtig im Tarot ist das Legemuster oder die Anordnung und nicht Symbole innerhalb des Musters, die sich ständig verändern. Dieser Gedanke ist manchmal schwierig zu begreifen, denn die Folge von Bildern (nach oben gewendete Karten) ist stets der Konzentrationspunkt für äußere Aufmerksamkeit und Interesse; auf einer inneren Ebene ist sie jedoch die Matrix oder das Grundmuster, die diese bestimmte Kartenfolge hervorbringt. Diese paradox klingende Theorie wird für niemanden akzeptabel sein, der glaubt, Tarot funktioniere mittels statistischer Methoden oder zufälliger Zahlensequenzen, denn sie widerspricht der oberflächlichen Logik.

Wenn wir einmal das Prinzip der *Erschaffung* und *Auflösung* beim Tarot verstanden haben, verschwindet viel unserer Unsicherheit darüber, wie Anordnungen von Karten zu handhaben und zu deuten sind. Der Vorgang des Mischens oder zufälligen Auswählens von Karten ist ein Ritual – Ausdruck für eine metaphysische Realität –, das die Welten auflöst. Alle vorherigen Kombinationen und Wechselwirkungen werden voneinander getrennt, und die Elemente oder Energien sind als Potential vorhanden. Diesem latenten Zustand entspricht ein zufällig gemischtes

Kartendeck, mit der Bildseite nach unten gewendet, das von allen Verknüpfungen befreit ist.

Wenn Sie Karten nach einem kosmologischen Muster auslegen, führen Sie ein altes magisches Ritual durch – ein winziges Spiegelbild der göttlichen Schöpfung. Es gibt zwei Möglichkeiten, sich diesen Gedanken praktisch zu erschließen. Die erste besteht darin, daß ein gewolltes Muster, ungeachtet seiner Tradition oder Herkunft, allen Karten Bedeutung und Einsicht verleiht, die in ihm erscheinen. Dies ist vielleicht die für den Verstand am ehesten akzeptable Erklärung in zeitgemäßer psychologischer Sprache. Selbst wenn sich nichts als das aus der Beschäftigung mit dem Tarot ergeben würde, so wäre dies ein wertvolles und wirksames System, um mit Symbolen zu experimentieren und Einsicht zu gewinnen. Der Tarot bietet jedoch noch viel mehr, als in persönlichen oder psychologischen Begriffen rational erklärt werden kann. Die zweite Form der Erschließung, der Gedanke der Erschaffung oder Gestaltung von Mustern, wird in esoterischen Überlieferungen, die mit Tarotbildern arbeiten, behandelt.

Auflösen

Der Vorgang des Auflösens oder der Zerlegung ist eine wesentliche Anfangsstufe für jede erfolgreiche Arbeit mit dem Tarot. Sie beginnen am besten damit, Ihr Bewußtsein in einen Zustand der Ausgewogenheit und Stille zu versetzen. Dies ist eine grundlegende Meditationsübung und sollte für sich selbst, ohne Verbindung zu irgendeiner religiösen, magischen oder meditativen Schule oder Sekte ausgeführt werden. Dies ist der ursprüngliche Vorgang der Meditation: Ebenso poetisch wie das Universum seinen Ursprung in der Leere hat, geht das Bewußtsein aus dem

Nichts hervor. Vor jeder Beschäftigung mit dem Tarot, ob sie nun der Divination oder weiteren Meditation dient, sollte eine beruhigende und meditative Bewußtseinsklärung vorgenommen werden.

Als nächstes erschaffen wir eine *konkrete Darstellung* dieses inneren Vorgangs der Stille; hier wird das magische Ritual des Tarot nach außen sichtbar. Wir mischen die Karten aufs Geratewohl, und dabei lösen wir rituell (bewußt oder auch unbewußt) das Universum auf. Serien der vier Elemente, die sich gegenseitig beeinflussen, werden voneinander getrennt oder außer Kraft gesetzt, so daß sie sich nach innen, zum potentiellen Sein ausrichten, das letztlich aus dem Nicht-Sein hervorgeht. Dieses Nicht-Sein läßt sich tatsächlich in unserem tiefsten Selbst finden – an jenem Punkt, wo sich alles Bewußtsein auflöst. Während der Dauer des Rituals wird das potentielle Sein durch das Tarotdeck oder die Kartenfolge versinnbildlicht.

Für jemanden mit Erfahrung in Meditation ist es theoretisch möglich, das Tarotdeck ohne Mischen zu »klären«; doch das konkrete Ritual, jede frühere Ordnung innerhalb der Karten aufzulösen, ist von zentraler Bedeutung für die praktische Anwendung der Tarot-Symbolik. Eine der wirksamsten Methoden, ein Tarotdeck zu klären, besonders während einer Sitzung für die Erschaffung eines Musters, wird nachfolgend beschrieben.

Klären

1. Das Kartendeck wird geteilt und mit der Bildseite nach unten in sieben Gruppen oder Päckchen nebeneinander in einer Reihe ausgelegt. Dabei halten Sie die Karten in der Hand und errichten nach und nach die sieben Päckchen, indem Sie von eins bis sieben, von links nach

rechts vorgehen und jeweils eine Karte auf jede Position legen, bis eine Karte übrigbleibt (7 x 11 = 77), die an eine beliebige Stelle gelegt werden kann. Bei diesem Verfahren gibt es verschiedene metaphysische und mathematische Wechselbeziehungen, die sich auf die Welten, die Sphären und die Planeten beziehen, wobei die übriggebliebene Karte den »Narr« darstellt; für das praktische Vorgehen, ein Deck zu klären, sind diese Begriffe jedoch keineswegs erforderlich.
2. Die sieben Päckchen, die nun das gesamte, nach dem »Zufallsprinzip« verteilte Kartendeck enthalten, werden aufeinandergelegt, wobei Sie von links nach rechts vorgehen und sie wieder zu einem einzigen Stapel vereinen. Dieser Schritt wird jegliche Verbindungen zwischen den Karten klären und beseitigen, ob sie nun äußerlich und statistisch oder energetisch und intuitiv sind.

Mischen

Nun haben Sie ein geklärtes Kartendeck und legen eine Frage fest, wobei Sie Ihr Bewußtsein zuvor zur Ruhe bringen und sich auf das Thema einstimmen. Dies ist ein meditativer Vorgang und keine Sache des Erzwingens, des Wünschens oder der Willenskraft.

Dann mischen Sie das Kartendeck wie gewohnt, aber langsam und gleichmäßig. Diese rhythmische Geschwindigkeit, die sich von dem raschen Mischen beim Kartenspielen sehr unterscheidet, ermöglicht es Ihnen, zu jedem gegebenen Zeitpunkt während des Mischens problemlos innehalten zu können. Durch gleichmäßiges rhythmisches Mischen wird das Drehen des Rades konkret wiederholt (denn die Kosmologie und Psychologie des Tarot beruhen beide auf den Drei Rädern oder Bewußtseinsspiralen). Mit praktischer und meditativer Erfahrung im Tarot werden Sie intuitiv wissen, wann Sie aufhören können zu mischen, um die Karten auszulegen. Bei kontinuierlichem Gebrauch wird dieses innere Gefühl in hohem Grade entwickelt, und in manchen Fällen wird es den Anschein haben, als ob die Karten bei einer gleichmäßigen Methode des Mischens verläßlich zum richtigen Zeitpunkt selbst den »Kick« oder Anstoß geben. Wenn Sie zu schnell mischen, kann dieser intuitive Prozeß unterbrochen werden, so daß die Karten über den erforderlichen Zeitpunkt hinaus bewegt werden.

Es hat keinen Zweck, daß Sie von Ihren Karten erwarten, auf der handfesten Ebene in einer Weise zu wirken, die allgemeine Gesetzmäßigkeiten aufhebt. D. h., wir wollen hier keinerlei dramatisches psychokinetisches Geschehen andeuten. Der »Kick« ergibt sich aus einer Verbindung von meditativem Bewußtsein mit dem rituellen Erschaffen eines Musters. Manche erleben nie einen solchen »Kick« von den Karten, hören jedoch immer intuitiv an der Stelle zu mischen auf, die für den Zweck ihrer Deutung oder ihres Legebildes die bestmögliche ist. Die Intuition ist der Schlüssel für den geeigneten Augenblick, um innezuhalten und die Karten auszulegen – und nicht mathematische Zahlenfolgen oder starre Übungsregeln. Die Formgebung, oder das Erschaffen eines Musters, kommt *nach* der Auflösung, dem Mischen und der Intuition. Wir füllen daher ein Muster (die gewählte und angewendete Legemethode) mit Bewußtsein, das durch intuitiv ausgesuchte Bilder symbolisiert wird. Mit zunehmender Praxis kann der allgemeine Begriff »Intuition« durch anerkannte Bewußtseinsebenen ersetzt werden, die sich durch die Drei Welten und ihre von den Drei Rädern gebildeten Schwellen ausdehnen.

Systeme der Divination, Weitsicht und Einsicht

Sie können den Merlin-Tarot auf dieselbe Art und Weise – entsprechend der Systeme oder Methoden, die Sie bevorzugen – wie jedes andere Tarotspiel benutzen. Es gibt jedoch eine Reihe von bisher unveröffentlichten Anwendungsformen, die sich ausdrücklich auf dieses Kartendeck und die geheimen Lehren um Merlin beziehen.

Bitte beachten Sie: In keinem der nachfolgenden Legemuster werden umgekehrte Karten verwendet, da es sich beim Merlin-Tarot um ein ausgewogenes Kartendeck von Symbolbildern handelt. Wenn eine Karte auf dem Kopf stehend auftaucht, so legen Sie diese einfach richtig herum in Ihr Legebild hinein.

Die Drei Strahlen

Bei dieser einfachen, aber wirkungsvollen Methode, die Karten zu benutzen, wird das Ursymbol der Drei Strahlen oder Drei Fäden verwendet. Das dreifache Muster stellt die Grundpolaritäten des Positiven, Negativen und Ausgewogenen oder des Männlichen, Weiblichen und Androgynen dar. In der druidischen Überlieferung und mystischen Wahrnehmung wirken drei Strahlen oder Ureigenschaften des göttlichen Bewußtseins aufeinander und bilden durch ihre Kreisbewegung in einem vierfachen Zyklus die erschaffenen Welten. Dieses Symbol wird in unserer Trumpfkarte Urteil als die drei Fäden vom Spinnrocken der Göttlichen Weberin dargestellt. Die Umdrehung oder das Spinnen von Drei Strahlen oder Fäden erschafft die Drei Welten und ihre Grenzen oder Schwellen, die Drei Räder. Doch wie auch sonst sollten wir dieses Muster von Welten und Rädern als die drei Windungen einer dreifachen Spirale betrachten, die sich vom Ursprung zum Ausdruck oder von der Krone zum Königreich ausbreiten.

Das Legebild der Drei Strahlen wird in Abb. 17 dargestellt und kann mit nur vier Karten angewendet werden. Die Karten werden geklärt und gemischt. Die obersten vier legen Sie mit der Bildseite nach unten in der aufgezeichneten Reihenfolge in das Muster aus. Dann werden sie mit der Bildseite nach oben gewendet und wie folgt gedeutet:

1 stellt den Ursprung, den Keim oder Kern der Frage dar
2 stellt positive Aspekte oder Energien innerhalb der Situation dar
3 stellt negative Aspekte oder Energien innerhalb der Situation dar
4 stellt die Verbindung aus den ersten drei Karten und die Folge, das Ergebnis oder die grundsätzliche Antwort auf die Frage dar.

Eine detailliertere Form dieses Legebildes erhalten Sie, wenn Sie den Vorgang dreimal wiederholen, bis zwölf Karten ausgelegt sind. Diese drei Kartensätze (3 x 3 Strahlen, aber 3 x 4 Karten) können wie folgt erklärt werden:

1. Satz: Vergangenheit, bezogen auf die Frage
2. Satz: Gegenwart, bezogen auf die Frage
3. Satz: Zukunft, bezogen auf die Frage.

Alternatives Legebild der Drei Strahlen

Bei einem kunstvolleren Legemuster, das auf den Drei Strahlen beruht, werden sieben Karten verwendet (siehe Abb. 17). Dabei legen Sie die Karten nur einmal aus (also nicht, wie oben beschrieben, ein- oder dreimal), doch hierbei ist die Deutung vielschichtiger und umfassender.

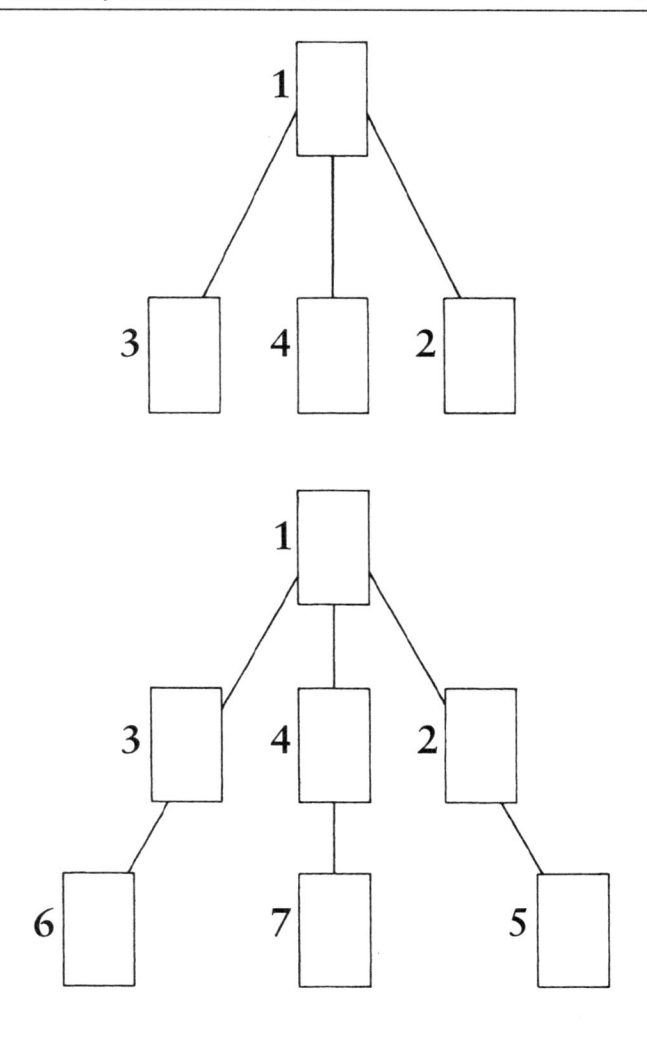

Abb. 17: DIE DREI STRAHLEN

Die Positionen 1–4 stellen innere spirituelle und überpersönliche Dinge dar, die Positionen 5–7 äußere weltliche und persönliche Belange. Die Position 4 dient als Mittel- oder Angelpunkt zwischen persönlichem und überpersönlichem Bewußtsein.

1 Keim oder Ursprung (überpersönlich)
2 positiv
3 negativ
4 Lösung, Gleichgewicht oder Mittelpunkt
5 positiv (persönlich)
6 negativ
7 Ergebnis.

Dieses siebenteilige Muster innerhalb der Drei Strahlen zeigt eine weitgehende Übereinstimmung mit einem ebenfalls siebenfachen Muster aus Mond, Sonne, Stern und Planeten oder entsprechenden Trumpfkarten in der folgenden Weise:

1 Stern (spirituelles Bewußtsein, tiefste Impulse und Energien, Trumpfkarte Der Stern)
2 Jupiter (überpersönliche positive, gebende Energien, Trumpfkarte Der Herrscher)
3 Mars (überpersönliche negative, nehmende Energien, Trumpfkarte Tod)
4 Sonne (Verschmelzung von überpersönlichen und persönlichen, zentralen, harmonischen und ausgleichenden Energien, Trumpfkarte Die Sonne)
5 Venus (positive gefühlsmäßige, gebende Aspekte der Persönlichkeit, Trumpfkarte Die Herrscherin)
6 Merkur (negative analytische, intellektuelle Aspekte der Persönlichkeit, verwandt mit dem Bild von Minerva, Trumpfkarte Der Wagen)

7 Mond (Verschmelzung, Ergebnis, Erschaffen von Ereignissen/Bewußtsein aus allen vorangegangenen Positionen, Trumpfkarte Der Mond).

In solchen Legebildern wie dem siebenfachen System ist die offensichtliche Schlußfolgerung enthalten, daß eine Trumpfkarte, die in ihrer eigenen Position erscheint (z. B. Der Herrscher in Position 2), eine verstärkte Wirkung hat, während eine Trumpfkarte, die in der Position ihres Gegenpols auftaucht (z. B. Tod in Position 2), einen neutralisierenden oder negativen Effekt auf die Bewußtseinsformen bzw. Energien dieser Position ausübt.

Wir könnten dieses Denkmodell noch weiter ausdehnen und die Hofkarten mit einbeziehen, da sie als Figuren in abstrahierter Form elementare Energien zum Ausdruck bringen, die von Göttergestalten bis hin zu psychologischen Typen reichen und bei der Kartendeutung eine konkrete symbolische Funktion für tatsächliche Personen besitzen. Daher könnte eine Königin der Vögel in Position 5 (eine analytisch denkende, strenge, aktive Person in der Position der »Herrscherin«) die Grundenergien bzw. Bewußtseinsformen dieser Position abwandeln oder sogar im Widerspruch zu ihnen stehen.

Viele Feinheiten in der Deutung werden sich aus der Praxis ergeben. Wenn die Grundeigenschaften jeder Karte einmal selbst erlernt und erfahren worden sind (anstatt sie in Büchern oder Listen nachzulesen), wird der Anwender bald einen eigenen Stil und ein Gefühl für die beschriebenen Beziehungen entwickeln.

Die Spindel

Bei diesem Legesystem des Tarot wird die Spindel als Bild verwendet. Die Kartenpositionen sind den Trumpfkarten der Spindel entsprechend zugeordnet, wie in Abb. 18 dargestellt. Nach dem Klären und Mischen des Decks legen Sie sieben Karten der Reihe nach aus.

Die drei Unterteilungen des Legemusters stehen allgemein für: 1. den Ursprung der Frage, 2. die in der Fragesituation wirksamen Energien, und 3. das Ergebnis der Frage.

Positionen der Spindel

Das obere Drittel
A. Der Stern
B. Urteil
C. Gerechtigkeit

Diese Positionen, die nach den Trumpfkarten benannt sind, welche die Energien bzw. Bewußtseinsformen des oberen Drittels der Spindel bestimmen, stehen (A–B) für spirituelle Impulse sowie überirdische oder überpersönliche Situationen und Energien. Sie können auch (B) kollektive oder weltweite Bewußtseinsrichtungen anzeigen – weitreichende Veränderungen, die das Individuum oder die Situation der Frage beeinflussen und auf Wirkungen hinweisen können, die aus der fernen Vergangenheit mitgebracht wurden. Sie entsprechen der Sternenwelt, wobei *Gerechtigkeit* als Schwelle zur Sonnenwelt dient.

Das mittlere Drittel
C. Gerechtigkeit
D. Die Sonne
E. Das Rad des Schicksals

Divination, Weitsicht und Einsicht

1: Sternkarten: enthüllen den Ursprung der Frage. SPIRITUALITÄT.
A: (Position Der Stern) tiefe spirituelle Impulse oder Transformationsmuster. Bewußtsein bzw. Energie auf der überpersönlichen und überirdischen Ebene. (Kann auch auf Angelegenheiten des planetaren Bewußtseins oder kollektive Veränderungen in einem ausgedehnten Bereich der Menschheit hindeuten.)
B: (Position Urteil) weitreichende Veränderungen, die den physischen Tod, eine vollkommene Erneuerung des Lebens und tiefgehende Entscheidungen oder Ereignisse einschließen können.
C: (Position Gerechtigkeit) schöpferische und zerstörerische Energien bzw. Eigenschaften innerhalb der Fragesituation.

2: Sonnenkarten: stellen die Energien in der Fragesituation dar. INDIVIDUALITÄT.
C. (Position Gerechtigkeit) positive oder negative Energien (durch die Karte bestimmt, die in dieser Position auftaucht).
D: (Position Sonne) wichtige zentrale Faktoren oder Entscheidungen. Der Kern der Frage.
E: (Position Schicksal) Karriere, Lebenswerk. Wahre spirituelle Ehen oder Partnerschaften.

3: Mondkarten: offenbaren das Ergebnis der Frage. PERSÖNLICHKEIT.
E: (Position Schicksal) Veränderungen in Leben, Arbeit, Schicksal, den äußeren Verhältnissen.
F: (Position Mond) Sexualität, Familie, Heim, Kinder. Auch unbewußte grundlegende Aspekte der Persönlichkeit innerhalb der Fragestellung.
G: (Position Welt/Universum) das konkrete Ergebnis oder Muster der Frage. Äußere Aktivitäten, weltliche Beziehungen oder Partnerschaften. Manifestation von Bewußtsein bzw. Energien, die in den höheren Positionen der Spindel bestimmt werden.

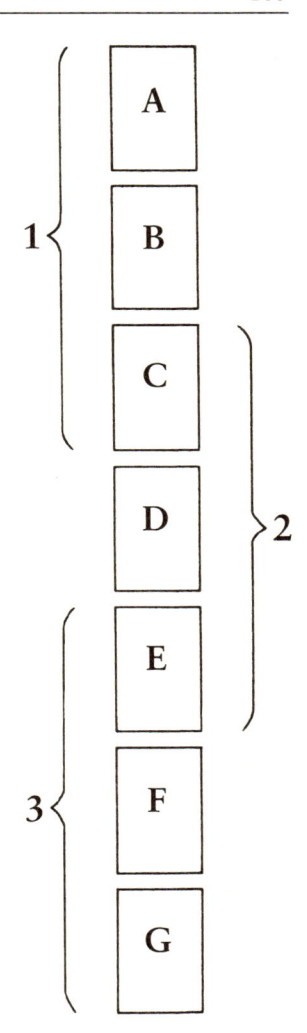

Abb. 18: DIE SPINDEL

Diese Positionen, die nach den Trumpfkarten benannt sind, welche die Energien bzw. Bewußtseinsformen im mittleren Drittel der Spindel bestimmen, stehen (C) für die Wechselwirkung von positiven und negativen Energien, die in der Fragesituation zur Geltung kommen. Sie zeigen (C–D) schöpferische und zerstörerische Kräfte oder Bewußtseinsstrukturen im Leben an und sind ein Hinweis auf einige einflußreiche langfristige Lebenssituationen, wenn auch andere durch das obere Drittel der Spindel angezeigt werden. Position D stellt den Kern der Frage dar und das Innerste oder Herz der betreffenden Person oder Personen. Die Positionen D–E stehen für wichtige Entscheidungen, Individualität und Angelegenheiten, die mit Karriere, dem Lebenswerk, Ehen und Partnerschaften zu tun haben. Das mittlere Drittel steht in Verbindung mit der Sonnenwelt, wobei Das Rad des Schicksals als Schwelle zur Mondenwelt dient.

Das untere Drittel
E. Das Rad des Schicksals
F. Der Mond
G. Erde (Der Narr oder Das Universum)

Diese Positionen stehen (E) für alltägliche Schicksalswenden in Lebens- und Arbeitssituationen und unmittelbare kurzfristige Umstände sowie auch für die emotionale und geistige Verfassung und die damit verbundenen Impulse des Fragenden oder von Personen, die mit der Frage zu tun haben; (F) für natürliche Lebensfaktoren, die biologische und gesundheitliche Verfassung, ererbte Neigungen, das Traum- oder unbewußte Leben; (G) für Persönlichkeit, Familie, Heim, Arbeitsplatz, zeitlich bedingte oder vorübergehende Beziehungen und Situationen. Das untere Drittel weist gewöhnlich auf das Ergebnis der Frage hin.

In den sieben Positionen der Spindel können wir die folgende allgemeine Entsprechung zu den Planeten erkennen:

1 Uranus und Pluto (1. Sphäre des Lebensbaumes und der Abgrund mit seiner geheimnisvollen Brücke)
2 Neptun und Saturn (2. und 3. Sphäre)
3 Mars und Jupiter (4. und 5. Sphäre)
4 Sol/Sonne (6. Sphäre)
5 Venus und Merkur (7. und 8. Sphäre)
6 Luna/Mond (9. Sphäre)
7 Erde (10. Sphäre).

Sieben Karten genügen für eine sehr ausführliche Deutung als Antwort auf eine Frage, zu der Sie mit Hilfe dieses Legebildes Divination, Weitsicht oder Einsicht gewinnen möchten.

Die Erschaffung der Welt

Diese Methode des Kartenlegens (rituelles Erschaffen eines Musters) beruht auf der mystischen Kosmologie, die in der *Vita Merlini* und den *Prophezeiungen* dargestellt ist. Sie ist in vielfacher Hinsicht dem *Keltischen Kreuz* ähnlich, der beliebten Methode für das Erschaffen eines Musters, denn beide leiten sich vom Lebensrad, dem aus Kreisen gebildeten Kreuz oder aus der Kosmologie und Psychologie der Elemente in der esoterischen Tradition ab. Die Symbolik beruht auf einem Zyklus oder einer Verbindung von vier Ringen (Energie- oder Bewußtseinsformen), die durch einen fünften Ring zusammengefügt werden, der Einheit oder Geist und Wahrheit versinnbildlicht.

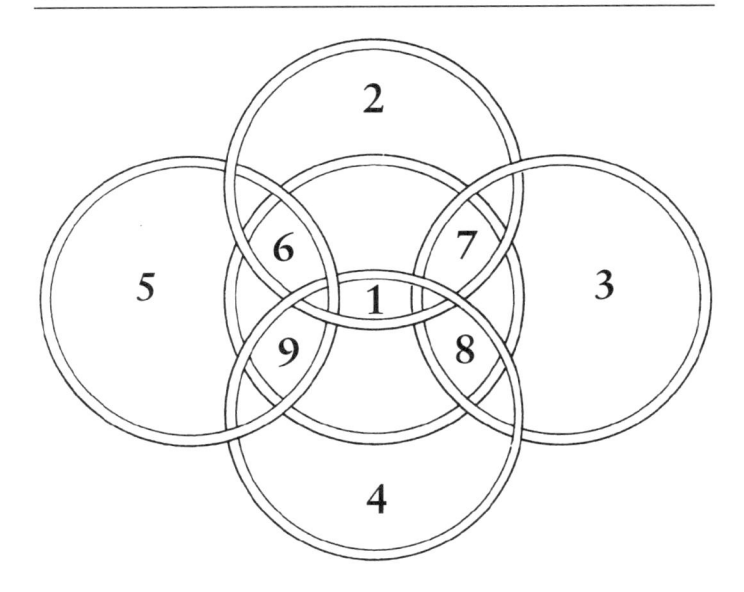

Urkräfte
1 Entstehung und Ursprung der Frage. WAHRHEIT.
2 Neuanfänge und Veränderungen. LEBEN.
3 Quelle von größtmöglicher oder potentieller Energie. LICHT.
4 Nährend, stärkend und reinigend. LIEBE.
5 Manifestation oder Ergebnis. GESETZ.

Archetypische Figuren
6 *Merlin*: Einsicht oder prophetisches Gewahrsein (spiritueller Einfluß).
7 *Guendoloena*: positive Emotionen (Liebende/r).
8 *Ganieda*: Intellekt, rationales Denken (Schwester, ermächtigender Einfluß).
9 *Rhydderch*: äußere Aktivität.

Abb. 19: DIE ERSCHAFFUNG DER WELT

Für dieses Muster werden neun oder zehn Karten ausgelegt (siehe Abb. 19), die mit der Bildseite nach oben wie folgt angeordnet werden:

1 *Zentrum*: Ursprung und Keim der Frage
2 *Luft*: Neuanfänge und Energien der Veränderung. Macht des Lebens
3 *Feuer*: Höchste Energiequelle innerhalb der Fragesituation. Macht des Lichtes
4 *Wasser*: Mittel des Nährens, Reinigens und Reifens. Macht der Liebe
5 *Erde*: Manifestation oder Ergebnis der Frage; Form und Definition der darin enthaltenen Energien; kann auf gegensätzliche oder ausgleichende Kräfte mit der Neigung zu Stabilisierung oder Widerstand hinweisen. Macht des Gesetzes.

(Weitere Eigenschaften können durch Meditation auf das Vierfältige Kreuz oder das Lebensrad entwickelt werden.)

Figuren

Zu dem fünfteiligen Grundmuster können wir vier Figuren hinzufügen, die in der *Vita* beschrieben werden. Sie haben Parallelen zu mehreren Trumpfkarten und finden sich auch in unterschiedlicher Form als Hofkarten im Tarot.

6 *Merlin*: männliche aufbauende Energien bzw. Bewußtseinsformen in spirituellen oder inneren Dimensionen. Transzendentes Gewahrsein
7 *Guendoloena*: weibliche aufbauende Energien bzw. Bewußtseinsformen in der Natur. Die Kraft positiver Emotionen und der Sexualität
8 *Ganieda*: weibliche abbauende Energien bzw. Bewußtseinsformen. Die Kraft des Verstandes, der dem höheren

Bewußtsein und der kulturellen oder menschlichen Entwicklung dient
9 *Rhydderch*: männliche Aktivität, die sich in der Außenwelt manifestiert.

Damit verkörpern die vier Figuren allgemeine Urbilder von Energien, können jedoch auch für menschliche Individuen stehen, was von den Karten, die auf den jeweiligen Positionen erscheinen, und der Art der Deutung abhängt.

6 *Merlin*: prophetisches und höheres Bewußtsein
7 *Guendoloena* (Merlins Gemahlin und als Gegenpol Rhydderchs »Schwester«): emotionale und sexuelle Energien.
8 *Ganieda* (Merlins Schwester und Rhydderchs Gemahlin): alle harmonischen Geisteskräfte
9 *Rhydderch* (ein mächtiger König): alle möglichen weltlichen Angelegenheiten.

Die Figuren ergänzen die Elemente, welche durch Karten bestimmt werden, die in dem vierteiligen Grundmuster an den Kreuzungspunkten erscheinen und den Kreis dadurch zum Vierblatt machen, daß sie den natürlichen und übermenschlichen Kräften die menschliche elementare Psyche hinzufügen. Es ist beachtenswert, daß dieses Legemuster vollständig in der Trumpfkarte »Die Welt« oder »Das Universum« zusammengefaßt ist, wo die Elemente und Welten bestimmt werden und die menschlichen Bewußtseinsformen oder archetypischen Figuren zu einer androgynen Gestalt verschmelzen. Diese vier Figuren entsprechen bis zu einem gewissen Grade auch der ersten bis sechsten Sphäre auf dem Lebensbaum oder individuellen Bewußtseinsstufen (siehe auch Abb. 20).

Schließlich kann noch eine zehnte Karte als Zusammenfassung der gesamten Angelegenheit gezogen werden; diese

ERSCHAFFEND — 1 — LUFT/VÖGEL

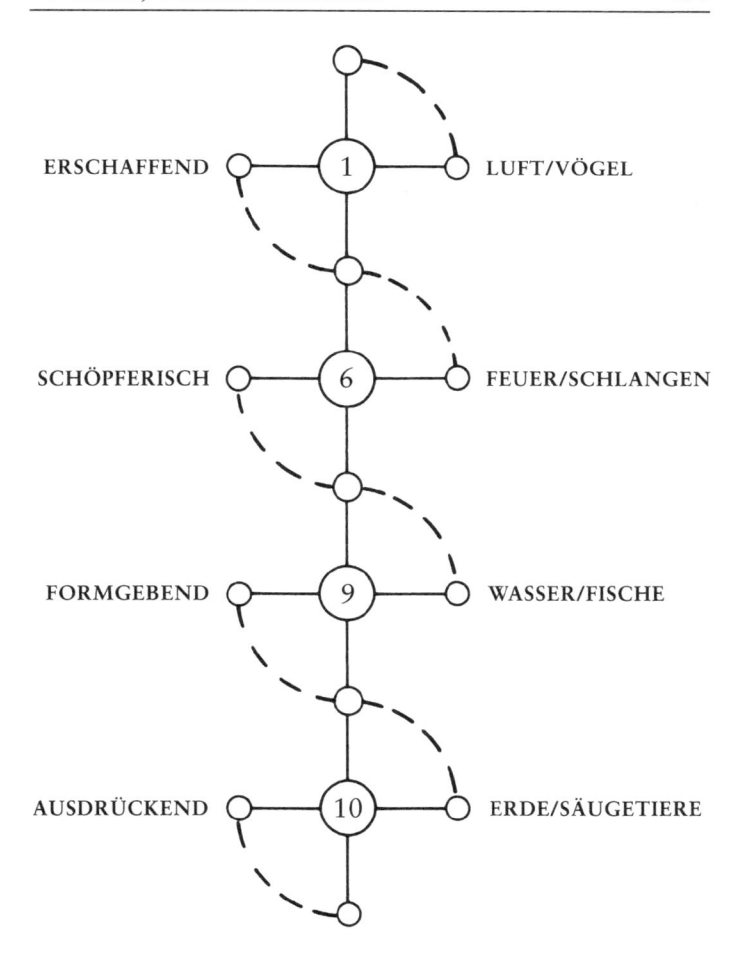

SCHÖPFERISCH — 6 — FEUER/SCHLANGEN

FORMGEBEND — 9 — WASSER/FISCHE

AUSDRÜCKEND — 10 — ERDE/SÄUGETIERE

Abb. 20: DIE HOFKARTEN UND DIE VIER ERSCHEINUNGSFORMEN

wird auf die erste Karte im Zentrum des Musters gelegt. Paradoxerweise steht diese letzte Karte auch sinnbildlich für den Trumpf Der Narr und kann überraschende Elemente in der Fragesituation oder in ihrer Auflösung enthüllen.

Der Fährmann

Trotz der Verbindungen zwischen Merlin und König Arthur in der Dichtung besteht kein Zweifel daran, daß Merlin-Sagen (die in datierbaren Quellen erhalten sind) dem Arthur-Stoff zeitlich vorangehen. In den wichtigsten Merlin-Quellen besteht kaum eine Verbindung zwischen Merlin und Arthur, und der Sagenkreis um Merlin kann ohne irgendeine Arthur-Überlieferung vervollständigt werden. In den Werken des Geoffrey von Monmouth, mit dem die allgemein bekannte Rekonstruktion von Arthur in der mittelalterlichen Literatur ihren Anfang nahm, begegnen sich Merlin und Arthur kaum, obwohl ihre Beziehung bald ausführlich von Autoren behandelt werden sollte, die sich auf die von Geoffrey begonnene Überlieferung stützten.

In Geoffreys *Vita Merlini* wird jedoch – fast im Nebensatz – eine wichtige Szene beschrieben, in der Merlin und der Barde Taliesin sich gegenseitig an die Insel der Glückseligen erinnern, die von der Priesterin oder Göttin Morgane beherrscht wird. Sie brachten den verwundeten Arthur auf diese Zauberinsel der Anderwelt zu Morgane, die in den Heilkünsten bewandert war (siehe unsere Trumpfkarte Die Priesterin). Diese merkwürdige Szene, in der sich eine keltische Tradition des Königtums und der Anderwelt widerspiegelt, ist die Quelle für die spätere Gestaltung der Beziehung zwischen Arthur und Merlin und des Themas über den verwundeten Arthur, der in die Anderwelt, nach Avallach oder Avalon, gebracht wird, um dort zu genesen.

Merlin und Taliesin werden von dem geheimnisvollen Fährmann Barinthus zur Insel der Glückseligen übergesetzt. Dieser ist eine mythische Gestalt und steht in Verbindung mit den alten Meeresgöttern und der wichtigen Rolle des *Psychopompos* oder Seelenführers der Toten oder Eingeweihten in die Anderwelt. Wir erhalten damit eine bedeutsame Gruppierung in der Sage: *Merlin – Taliesin – Arthur – Barinthus – Morgane*. Diese Anordnung erinnert an ähnliche Beziehungen oder Strukturen, die sich allgemein durch den Tarot ziehen. Sie kann zu Meditation, Weitsicht und Einsicht genutzt werden, wie in unserer Abb. 21 dargestellt.

Die Hauptfiguren können folgendermaßen gedeutet werden, wobei jede von ihnen die Grundlage für eine Position innerhalb des Legemusters darstellt.

1 *Arthur* (der verwundete König, dessen Gesundheit wiederhergestellt werden soll): verkörpert die Persönlichkeit, die ein verwundetes, entstelltes Abbild unseres wahren inneren Selbst oder höheren Geistes ist. Folglich verdeutlicht diese Position die Frage, das Problem oder die Schwierigkeit des Fragenden. Sie weist auch auf die wahre innere Beschaffenheit einer Situation oder auf die Ursachen für innere Konflikte oder Verwundungen hin.
2 *Taliesin* (der Barde des Wissens, der Kosmologie und traditionelle Überlieferung lehrt): verkörpert intellektuelles und Einweihungswissen; enthüllt die geistigen und analytischen Aspekte der Frage und kann auf die Mittel zur Lösung jedes beliebigen Problems hinweisen.
3 *Merlin* (der Prophet oder Wilde Mann): verkörpert intuitive emotionale und poetische Einsichten oder Eingebungen; ursprüngliche Antworten oder magische Umwandlungen in einer Fragesituation. Weist auf ungewöhnliche oder unerwartete Lösungen für jegliche Probleme hin.

4 *Barinthus* (der Fährmann in die Anderwelt, der es dem verwundeten König ermöglicht, den Weg zur Heilung zurückzulegen): die Kraft der Bewegung, Auflösung von Situationen, Mittel, wodurch eine heilsame Veränderung erreicht werden kann. Kann auch ein Hinweis auf Hilfsmittel für den Zugang zu Energien tiefer Veränderung auf einer spirituell transformierenden Ebene sein. Barinthus »kennt die Wege des Meeres und der Sterne gut« (*Vita Merlini*) und kann daher auf einer unbewußten kollektiven Ebene (das Meer) oder auf einer überpersönlichen spirituellen Ebene (die Sterne) wirken. Sein Weg verläuft über die mittlere Säule oder Spindel der Welten, von der Erde zu den Sternen.

Abb. 21: DER FÄHRMANN

(aus der Sage von König Arthur in der *Vita Merlini*)

1 *König Arthur*: verwundete Figur oder erlahmter Fischerkönig
2 *Taliesin*: Barde des Wissens
3 *Merlin*: Prophet der potentiellen Zukunft
4 *Barinthus*: geheimnisvoller Fährmann der Seele
5 *Morgane*: weibliche Kraft der Erlösung, Transformation, Therapie.

1 Zeigt die wahre Natur des Fragenden, der Frage oder des Problems auf
2 Enthüllt eine einleitende rationale Untersuchung und Antwort (oder eine Person, die solche Eigenschaften verkörpert)
3 Enthüllt eine intuitive prophetische Antwort (oder eine Person, die eine solche Antwort ausdrücken kann)
4 Versinnbildlicht die Kraft der Bewegung zu Gleichgewicht, Auflösung, innerer Wahrheit
5 Deutet auf das Ergebnis im Sinne einer Transformation und inneren Wiedergeburt hin.

Divination, Weitsicht und Einsicht 195

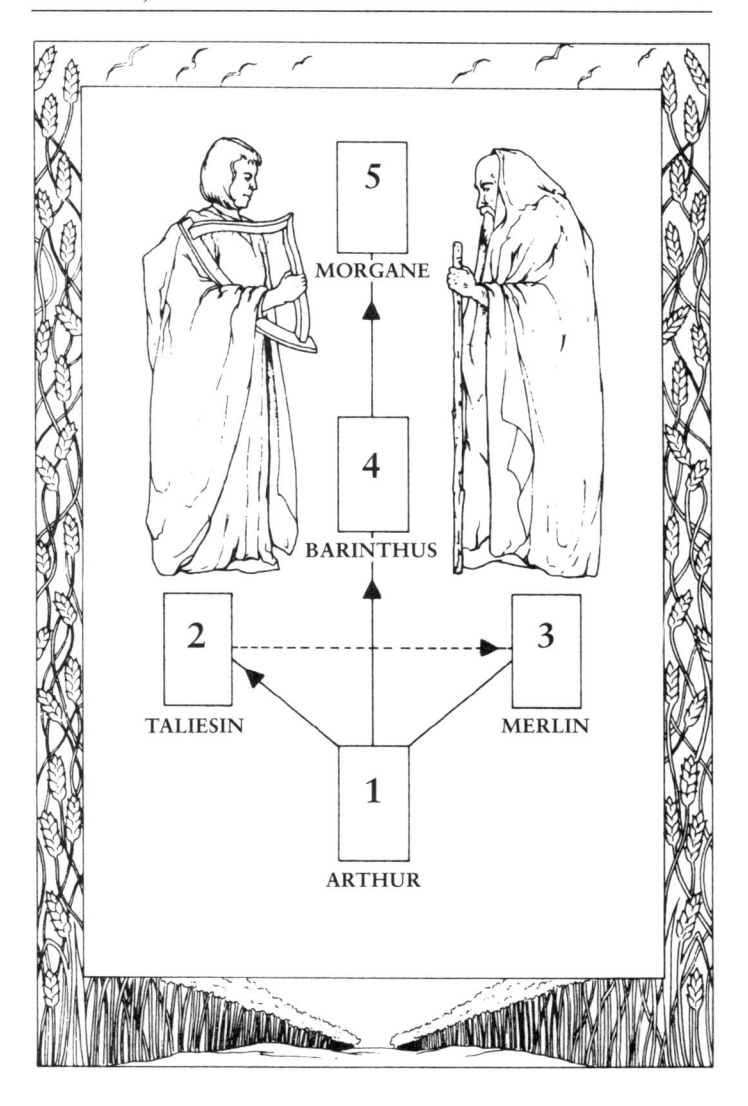

```
        5
     MORGANE

        4
     BARINTHUS

  2  - - - - ->  3
TALIESIN      MERLIN

        1
      ARTHUR
```

5 *Morgane* (die Priesterin oder Kraft der Erlösung und Heilung): verkörpert das Ergebnis einer Situation oder Frage, den entscheidenden Punkt oder die Person oder den inneren Zustand, wovon die Antwort auf die ganze Angelegenheit abhängt – ebenso wie der verwundete König für seine endgültige Heilung auf Morgane angewiesen ist.

Jede dieser fünf Positionen kann durch das Vorhandensein von Trumpfkarten, die entweder in positiver oder in negativer Beziehung zu den oben beschriebenen legendären Figuren stehen, besonders hervorgehoben werden. So wird eine Trumpfkarte der Spindel oder *Axis Mundi* (Der Mond, Die Sonne, Der Stern) auf der Position von Barinthus einen stark vermittelnden und motivierenden Einfluß einer Veränderung anzeigen, die damit von der Monden- zur Sternenwelt reicht. Wenn man den eigenen Meisterschlüssel auf dem Lebensbaum (siehe Abb. 2) berücksichtigt, kann man solche Verbindungen herstellen. In den Anfängen der Arbeit mit dem Tarot ist es nützlich, Listen solcher Entsprechungen aufzuschreiben und sie auswendig zu lernen. Eine typische, der Vorbereitung dienende Liste könnte folgendermaßen aussehen, obwohl dies nicht endgültig ist:

1 *Arthur*: typisiert durch Der Narr/Der Herrscher; in subtilerer Form durch Der Gehängte
2 *Taliesin*: typisiert durch Der Magier/Der Wagen; in subtilerer Form durch Der Unschuldige (Der Hierophant)
3 *Merlin*: typisiert durch Der Wächter/Der Einsiedler
4 *Barinthus*: typisiert durch die drei Trumpfkarten der Spindel/Mäßigung
5 *Morgane*: typisiert durch Die Priesterin/Die Herrscherin/ Die Kraft.

Somit sind die Gegenpole:

1 Die Welt/Der Tod (*Arthur*)
2 Die Priesterin/Die Liebenden (*Taliesin*)
3 Die Herrscherin/Der Unschuldige (*Merlin*)
4 Die Trumpfkarten der Drei Räder oder Schwellen: Das Rad des Schicksal, Gerechtigkeit und Urteil (*Barinthus*)
5 Der Magier/Der Wächter/Der zerschmetterte Turm (*Morgane*).

Alle 22 Trumpfkarten sind in den obengenannten grundlegenden Entsprechungen enthalten. Es wird nicht daraus abgeleitet, daß die beiden aufgelisteten Zusammenstellungen »gut« oder »schlecht« sind, sondern nur, daß sie als Gegenpole zueinander stehen. Wenn Sie über die Bedeutung jeder Trumpfkarte und ihre Beziehungen zu anderen Trumpfkarten meditieren, wird sich Ihnen nach und nach ein Verständnis für ihren tieferen Sinn erschließen, wenn sie in den oben angeführten hervorgehobenen oder bedeutsamen Positionen erscheinen.

Literaturempfehlungen

Geoffrey von Monmouth: *Vita Merlini. Das Leben des Zauberers Merlin.* 5. Aufl., Amsterdam: Castrum Peregrini 1991.

Monroe, Douglas: *Merlyns Lehren. 21 Lektionen in praktischer Druidenmagie.* Freiburg i. Br.: H. Bauer 1996.

ders.: *Merlyns Vermächtnis.* Freiburg i. Br.: H. Bauer 1995.

Stewart, R. J.: *Merlin. Das Leben eines sagenumwobenen Magiers.* München: Knaur 1988.

Stewart, R. J.: *The Complete Merlin Tarot.* London: The Aquarian Press 1992.

Tolstoy, Nikolai: *Auf der Suche nach Merlin. Mythos und geschichtliche Wahrheit.* 3. Aufl., München: Heyne 1994.

Verlag Hermann Bauer · Freiburg im Breisgau

Douglas Monroe

Merlyns Vermächtnis

4. Aufl., 432 Seiten, 122 s/w-Abb., gebunden
ISBN 3-7626-0502-5

Britannien in einem Sommer des 6. Jahrhunderts n. Chr. Arthur begegnet zum ersten Mal seinem Lehrer Merlyn, dem großen Druiden, Magier und Seher. Seine Lehrjahre bei diesem Hüter keltischen Wissens werden ihn mit allen geheimen Überlieferungen des Druidentums, der alten Naturreligion in Britannien, vertraut machen. So vorbereitet, wird Arthur Jahre später König von Britannien. *Merlyns Vermächtnis* ist fesselnde Erzählkunst und zugleich ein auf alten Quellen basierendes Dokument der historischen Überlieferung. Autor Monroe sammelte keltischen Volksgut, untersuchte Sagenfragmente und fügte das Material in meisterhafter Weise zu diesem einmaligen Leseerlebnis. *Merlyns Vermächtnis* gibt dem Leser einen farbigen, lebensvollen Einblick in eine historische Epoche Britanniens und macht viel altes Wissen zum ersten Mal zugänglich.

Verlag Hermann Bauer · Freiburg im Breisgau

Verlag Hermann Bauer · Freiburg im Breisgau

Douglas Monroe

Merlyns Lehren

21 Lektionen in praktischer Druidenmagie
Das Arbeitsbuch zu *Merlyns Vermächtnis*

2. Aufl., 188 Seiten, mit 75 s/w-Abb., kartoniert
ISBN 3-7626-0516-5

Dieses Buch ist ein kompletter Kurs in Druidenmagie. Es enthält die geheimen Rituale, welche gemäß einer alten Tradition über Jahrhunderte nur mündlich von Lehrer zu Schüler weitergegeben werden durften. Neben Rezepten zur Herstellung von Kräutertinkturen und heiligen Getränken und der Unterweisung in zahlreichen Ritualen zur Beherrschung der Elementarkräfte geht es um keltische Feste, Baum- und Zahlenmagie und die Kraft der Drachenlinien. Dieses praktische Arbeitsbuch zu *Merlyns Vermächtnis* öffnet neue Wege der Wahrnehmung und vertieft das Empfinden der eigenen Wirklichkeit.

Verlag Hermann Bauer · Freiburg im Breisgau

Verlag Hermann Bauer · Freiburg im Breisgau

Das Standardwerk des Tarot

Hans-Dieter Leuenberger

Schule des Tarot

Band 1: Das Rad des Lebens
Analyse der 22 großen Arcana
Einführung in die Sprache der Bildsymbolik
7. Auflage, 328 Seiten, 22 s/w-Abbildungen,
7 Zeichnungen, gebunden, ISBN 3-7626-0243-3

Band 2: Der Baum des Lebens
Die 56 kleinen Arcana
Die Verbindung des Tarots zur Kabbala
5. Auflage, 413 Seiten, 14 Zeichnungen,
gebunden, ISBN 3-7626-0244-1

Band 3: Das Spiel des Lebens
Praktische Anwendung des Tarot
5. Auflage, 304 Seiten, 31 Zeichnungen,
gebunden, ISBN 3-7626-0286-7

Die *Schule des Tarot* ist kein Lese-, sondern vielmehr ein Lebensbuch, das den Leser auf seinem ganzen Lebensweg begleitet und ihm immer wieder mit Rat und Antwort dient.

Verlag Hermann Bauer · Freiburg im Breisgau

Verlag Hermann Bauer · Freiburg im Breisgau

Hans-Dieter Leuenberger
Tarot
kurz & praktisch

3. Auflage, 208 Seiten, 80 s/w-Abb., gebunden
ISBN 3-7626-1100-9

Wer schnell beginnen will, mit dem Tarot zu arbeiten, merkt meist bald, daß er ohne gewisse Grundkenntnisse nicht weit kommt. Hier ist das vorliegende Buch die ideale Hilfe. Mit gewohnter Klarheit und Sorgfalt vermittelt Leuenberger, anerkannte Autorität auf dem Gebiet des Tarot, alles, was man für den praktischen Umgang mit dieser alten Divinationsmethode wissen muß. Zunächst werden Kartenwahl, das Auslegen der Karten und die Kunst der richtigen Fragestellung beschrieben, dann alle 78 Karten genau und in die Tiefe gehend erläutert. Das Buch ist sowohl für den Anfänger gedacht, der in die Praxis einsteigen will, wie für Fortgeschrittene, die ihre bereits geschärfte Intuition auf eine solide Basis stellen wollen.

Verlag Hermann Bauer · Freiburg im Breisgau

Die neuen Dimensionen des Bewußtseins

esotera
seit vier Jahrzehnten das führende Magazin für Esoterik und Grenzwissenschaften: Jeden Monat auf 100 Seiten aktuelle Reportagen, Hintergrundberichte und Interviews über
Neues Denken und Handeln
Der Wertewandel zu einem erfüllteren, sinnvollen Leben in einer neuen Zeit.
Esoterische Lebenshilfen
Uralte und hochmoderne Methoden, sich von innen heraus grundlegend positiv zu verändern.
Ganzheitliche Gesundheit
Das neue, höhere Verständnis von Krankheit und den Wegen zur Heilung – und vieles andere.

Außerdem: ständig viele aktuelle Kurzinformationen über **Tatsachen die das Weltbild wandeln.** Sachkundige Rezensionen in den Rubriken **Bücher, Klangraum, Film und Video** sowie **Alternative Angebote.** Im **Kursbuch** viele Seiten Kleinanzeigen über einschlägige **Veranstaltungen, Kurse und Seminare** in Deutschland, Österreich, der Schweiz und im ferneren Ausland.

esotera erscheint monatlich.
Probeheft kostenlos bei Ihrem Buchhändler oder direkt vom Verlag Hermann Bauer KG, Postfach 167, 79001 Freiburg